红色记忆® 18

翻越长白山入朝参战

海南省文化交流促进会　编

南海出版公司
2012·海口

图书在版编目（CIP）数据

红色记忆·第1辑·18 / 海南省文化交流促进会编．—海口：南海出版公司，2012.9（2025.1重印）
ISBN 978-7-5442-6105-0

Ⅰ．①红… Ⅱ．①海… Ⅲ．①革命传统教育－中国－青年读物②革命传统教育－中国－少年读物 Ⅳ．① D642-49

中国版本图书馆CIP数据核字（2012）第196586号

HONGSE JIYI · DI 1 JI · 18

红色记忆·第1辑·18

作　　者 海南省文化交流促进会
总 策 划 刘　栋
顾　　问 贾延岩
执行总编 任在齐　张　桐　张爱国
责任编辑 聂　敏
封面设计 郑广明
排版印务 何怡欣
发行总监 杨成春
出版发行 南海出版公司　电话：（0898）66568508　66568511
社　　址 海南省海口市海秀中路51号星华大厦五楼　邮编：570206
电子信箱 nhpublishing@163.com
经　　销 新华书店
印　　刷 天津睿意佳彩印刷有限公司
开　　本 787毫米×1092毫米　1/16
印　　张 6.75
字　　数 100千字
版　　次 2012年9月第1版　2025年1月第2次印刷
书　　号 ISBN 978-7-5442-6105-0
定　　价 39.80元

序

对历史无知的人，没有真正的信仰可言；没有信仰的人，不可能拥有美好的理想，不可能胸怀崇高的情感，也就不可能担负起任何责任。用欲望文化代替历史教育，足以使一个国家的青年被腐蚀、使一个民族的希望被毁掉，使这个国家和民族被永世万代地奴役！

鉴于此，我们呼唤历史，唤回那段属于二十世纪的“红色”历史，唤回那段炮火硝烟、颠沛流离的历史，唤回那冲天的狼烟留下的悲壮回忆、岁月年轮沉淀的斑驳痕迹。历史不应该被忽略，更不应该被遗忘，牢记那段革命战争年代的红色历史更是责任。为了那些不应该被忘却的记忆，为了那些不应该被丢弃的信念，于是就有了这套《红色记忆》丛书。

曾记否，当草鞋与意志丈量出来的两万五千里穿越一个伟大民族五千年的荣辱兴衰，革命的火种被一路播撒、一路点燃。人迹罕至的雪山、荒无人烟的草地被鲜血浸透，衬映出一段光辉的里程；万水千山早已被远远地抛在身后，一轮红日在黄土高原磅礴而起。满目疮痍的河山在 1936 年 10 月温暖如春……

曾记否，当生命和鲜血浸染的十几年光阴将一种记忆铭刻进一个伟大民族的历史画卷，革命的火焰从星火到燎原。这栏杆拍遍、易水悲歌般的呼号，这折戟沉沙、慷慨赴义的悲壮，这铁马冰河、枕戈待旦的苦战，这红旗漫卷、所向披靡的豪迈……腔腔热血、铮铮铁骨早已被熔铸成一座不朽的丰碑，中华民族从苦难中百死后生的壮丽诗史凝结成了五星闪耀的红色记忆。

曾记否，中华人民共和国成立以来，又有无数英烈接过前辈用鲜血染红的旗帜，或壮怀激烈戍边卫国，或忠于职守鞠躬尽瘁，或绝甘分少奉献大爱，甘做国家强盛、人民富裕的铺路石，成为和平年代民族复兴的荣光，把人民心中的红色记忆浸染得分外鲜艳，永不褪色。

这红色记忆，是信念不衰、志向不改的崇高气节；这红色记忆，是无私无我、生属苍生的博大胸怀；这红色记忆，是敢为人先、披荆斩棘的拓荒精神；这红色记忆，是中华民族最宝贵的精神财富。它告诫我们，人事有代谢，传承无绝期。缅怀先烈精神，继承先烈遗志，是社会的道德和民族的良心，是后来者须臾不可忘怀的本分。

老一代人把历史的真实交付给我们，我们有责任用真实还原历史，传承给下一代，把那段岁月与现在年轻人的生活连接到一起，使他们眼中的历史变得立体、真实、可靠，让历史成为他们前进的动力。本丛书将那些流动的、随时会飘散在时间天际的事件凝固下来，希望透过这些文字、图片，感受到英雄们那坚定的革命信念，感受到那个年代澎湃的革命激情，真切体会那段“红色历史”。

忘记历史，就意味着背叛。让我们重温历史，缅怀先烈，从中汲取力量，毅然前行。

刘栋

目录 CONTENT

抗日名将续范亭

文/红 飞

续范亭

续范亭（1893—1947年），山西省崞县（今原平市）西社村人，著名爱国将领。早年参加孙中山领导的同盟会，后在国民党内任职，一度归隐，九一八事变后出山练兵准备抗战。在南京拜谒中山陵时剖腹自戕，要求抗日。赞同共产党停止内战，团结抗日的主张。与共产党人合作创建山西新军。1947年病逝后被追认为中国共产党正式党员。

毛泽东给续范亭的信

续范亭塑像

续范亭

续范亭自少年时代读书时，便痛恨清廷的腐败并立志救国。他十六岁考入太原陆军小学堂，与傅作义等同学一同按日本军校模式受训。同年，又受反清革命影响，秘密加入了同盟会。1911 年辛亥革命爆发，他的族兄续西峰策动太原、原平等地新军起义，十八岁的续范亭赶去参加，并被任命为镇远队长，率一个营为先锋在风雪中远征五百里攻入大同。接着清军反扑，他又在大同城内坚守四十天。作为青年军官初著战功并扬名山西军界。

民国时期，曾投机参加过同盟会的阎锡山把持省政，续范亭看不惯其做派，辞职返乡办小学。1913 年，他又投考最高军事学府保定军校。因对袁世凯和阎锡山表示过不满，翌年便遭追捕而仓促离校，随族兄续西峰避往陕西华山。在那里，聚集着一批西北的反袁义士，他们同孙中山取得了联系。1915 年底，云南的蔡锷起兵讨伐袁世凯时，他们便成立西北护国军并向山西进兵。不久，袁世凯病逝，续范亭继续到保定军校深造。后来，他又参加过孙岳、冯玉祥的国民联军，当过旅长、参谋长，其间一度因与冯玉祥不和而称病去职。

1927 年初，冯玉祥在西安接受共产党人刘伯坚的建议，学习黄埔军校的办学方式而兴办国民联军军事政治学校，请续范亭出任校长。办校期间，续范亭开始接触共产党人，并对他们全新的革命思想和作风产生了强烈兴趣。不久，因冯玉祥一度同共产党分手而与蒋介石合作，续范亭很不以为然，拒绝参议的职务而长期闲居北平和原籍，并曾打算终老林泉。

1931 年九一八事变发生后，续范亭感到国难当头应有责任，便马上出山呼吁抗战。由于得不到政府理睬，他便到老友兰州绥靖公署主任邓宝珊处当了参谋长，到任后以日本为假设敌积极练兵。

1935 年 12 月，续范亭以老国民党员和西北地区代表身份前往南京，参加国民党第五次代表大会。

到会后，他找到许多要人呼吁抗战，看到的却只是歌舞升平和追官逐利的现象，大会临近结束，他们仍对抗日救国毫不提及。续范亭悲愤至极，当朋友们建议到中山陵前去“哭陵”时，他慨然说:“大丈夫流血不流泪，只有用热血才能把这些败类冲到人类行列之外。”对续范亭的这句话，朋友们未领会其意。次日清晨，续范亭穿着整齐，叫车疾驶到中山陵园，至下午仍未归。朋友们回想起来感到不好，忙赶往总理灵堂前，发现续范亭腹部已被自己剖开一个大口，人已昏迷在血泊中。大家把他抬到医院抢救，在他身上又找到血迹斑斑的绝命诗——“赤膊条条任去留，丈夫于世何所求？窃恐民气摧残尽，愿把身躯易自由。”此事轰动南京，国民党政府开始时禁止报道，而上海报界却抢先发布了消息后，中央社才被迫登出“中将续范亭因忧国忧民，在中山陵前剖腹自杀”的消息，却仍不提要求抗日一事。民间团体的慰问信件和电报，如同雪片般飞来。主张抗日的冯玉祥、张学良等高级将领也赶到医院看望。续范亭经抢救脱险后，在医院住了三个月，又赴杭州疗养。此间，他阅读了大量马克思主义书籍和共产党宣传抗日救国的材料，思想产生了重大变化，决心以推动停止内战的方式而不再用血谏来促进抗战。

1936年西安事变发生，续范亭担任了杨虎城的使者，对西北军将领和山西军阀阎锡山做工作。随后，中共代表主张释放蒋介石，他很不理解。经已是共产党员的老友南汉宸引见，他与周恩来会面，当面聆听了抗日民族统一战线方针政策的讲解，便心悦诚服。

1937年夏全面抗战爆发，在山西各界拥戴和共产党的支持下，阎锡山任命续范亭为第二战区民族革命战争战地总动员委员会主任委员，并兼保安司令，想借其威信更好地为自己征兵征粮。随着抗战形势逐日严峻，阎锡山便想对日妥协，在会上提出“存在高于一切”的谬论。续范亭反驳说:“不抗战到底，根本谈不上存在。”阎锡山在会下气恼地对亲信说:“续范亭是背上棺材抗战的，我们不能背上棺材抗战。”

在延安的六年间，续范亭同朱德、吴玉章、徐特立等人经常往来，并以诗词唱和。1946年冬延安疏散，毛泽东到医院劝续范亭转移。翌年，他移居山西临县，病势恶化时他致信中央请求“如承追认入党，实平生之大愿也”。9月12日续范亭与世长辞。次日，中共中央复电追认他为中国共产党正式党员。

续范亭出于传统的忠节之气影响，在抗日问题上曾想对政府采取“尸谏”，虽在中国产生过积极影响，却不是一种先进的形式。他最可贵之处，便是能随着时代的进步，不断更新观念，从而能跳出晋绥和西北旧军人的圈子，在历史重要关头不惜与坚持反动立场的老友交火开战。他在延安养病的六年间，像小学生一样努力学习革命理论，曾在诗中写道:“大文如大餐，丰富复精美，使我饥肠人，欲罢不能止。”临终前，他又提出入党申请，这正是他一生追求进步的最后体现。

毛泽东所写的挽联，也对其做出了最好的评价——“为民族解放，为阶级翻身，事业垂成，公胡遽死？有云水襟怀，有松柏气节，典型顿失，人尽含悲。”

（本文由中国红故事网供稿）

一片丹心献给党

——记崔姬淑烈士

文/辛宪友　杨　丽

抗联女英雄崔姬淑

抗日烽火燃烧东北大地，日军的铁蹄踏进汪清县，到处杀人、放火，在此期间产生了许多反满抗日的巾帼英雄。崔姬淑就是其中之一。

崔姬淑，原名高粉，朝鲜族。1909年12月出生于吉林省延吉县细鳞河村一户雇农家庭。她三岁时失去母亲，在父亲的膝下度过可怜的童年。她没读过书，从小就帮助父亲打理家务、干农活，饱受人间疾苦。贫困的生活和繁重的劳动，使她形成坚定顽强的性格。在十七岁时与小她两岁的朴元春结婚，并定居在帽儿山下龙岩洞的婆家。婚后她对待公婆非常孝敬，勤勤俭俭维持家庭。当时，龙岩洞是朝鲜早期共产主义者的活动地，在那里有中共汪清县委书记李用后担任夜校教员。崔姬淑与丈夫一起去夜校学习，也是从那里接受了革命思想。学会识字，又懂得一些革命道理。她经常参加进步青年秘密集会，组织成立农民协会、少年会、妇女会等群众团体。她主动加入妇女会，成为妇女会的骨干，经常组织妇女参加各种活动。她把印刷传单任务承担下来，组织青少年到各村各地张贴标语口号，宣传革命思想。

1931年2月，敌人突然对崔姬淑家

搜查，发现一台油印机和部分宣传单等物品，因此将她丈夫逮捕。当时，崔姬淑在外执行任务，等回到家中，得知丈夫被敌人抓走，倍感愤怒，更加激起从事革命事业的决心和信心。同年9月，九一八事变爆发，当地开展了轰轰烈烈的秋收斗争。在龙岩洞的党组织指挥下，他们联合风林洞、母鹿沟、小完子等地的群众，掀起一场反对地主压迫，减租减息运动，在这次斗争中崔姬淑始终站在队伍最前列，高呼口号，表现得非常勇敢，迫使地主阶级接受条件，斗争取得了胜利。

1932年她光荣加入了中国共产党。

1932年秋，日军将龙岩洞的革命群众视为眼中钉，展开疯狂“讨伐”，残忍地杀害了妇女会负责人黄今善和崔姬淑的公公。敌人撤走后，经组织决定，崔姬淑担负起妇女会负责人的工作。延吉县的王隅沟、龙县的渔浪村和珲春县的大荒沟等地纷纷建立了抗日武装，崔姬淑响应党组织号召，参加了八道沟抗日游击队。不久，她又加入了延吉县抗日游击队。她是延吉游击队早期女队员之一。随着抗日环境的不断恶化，游击队把根据地转移到三道湾一带开展工作。崔姬淑担当起炊事班负责人的工作。当时，在敌占区打游击，经常缺衣少粮，蔬菜也供应不上，在这艰苦的环境下，她没有叫苦，而是想尽办法调剂伙食，让同志们吃饱好打胜仗。由于崔姬淑的出色表现，经组织研究决定调她到游击队被服厂工作。

1934年冬，党组织创建了安图县车厂子根据地。她面对艰苦生活从不气馁，革命意志更加坚定，憧憬着革命胜利的到来。她经常给同志们讲革命道理，阐述一些革命斗争的方式方法，展望革命胜利后的新生活。

1935年秋，由于日军的“围剿”，被服厂随部队转移到东满最后一块根据地——奶头山。在抚松与长白山一带参加了多次战斗，她表现得机智勇敢。担任抗日联军第二军六师的缝纫队长。1938年7月，崔姬淑的所属第二军六师被改编成第二方面军，她被任命为东北抗日联军第一路军第二方面军被服厂负责人，承担起缝制六百套冬装的任务，面对在一个月内完成大量任务的情况，她和众姐妹起早贪黑，抓紧缝制，手都磨出血泡，在没有条件的情况下竟然仅仅用二十天赶制出六百套棉衣棉裤，及时送到部队，为提高战斗力做出应有贡献。

1937年七七事变发生以后，日本帝国主义加紧对中国的矿产资源进行更加野蛮的掠夺，对抗日游击队加大“围剿”和“封锁”，东北抗日武装进入更加残酷的斗争阶段。从1938年至1939年，崔姬淑所属的小分队先后在濛江到长白山一带展开艰苦奋战，崔姬淑和女同志们身背沉重的缝纫机，跋山涉水，转战南北，与男同志一起风餐露宿。她对革命的一片丹心，作战勇敢，出色完成缝纫任务，得到第二方面军司令部负责人的赞扬，奖励给她一枚金戒指和一块怀表。她深深地体会到组织的关怀和鼓舞，更加鼓足了革命干劲，决心努力为党工作，把自己的一切交给党，为党的事业贡献一生。

1940年冬，由于日军“围剿”，小分队在粮食缺少、物资贫乏的情况下，转战于中苏边境之间活动，她们与司令部也失去了联系。1942年2月间，由南

抗联被服厂用过的缝纫机架

昌洙率领小分队，在中苏边境一带活动，寻找司令部。她们在长期吃不饱的情况下，组织队员寻找粮食。在陇县的勇新区麦大沟一户人家吃饭时，被当地一个汉奸发现，跑到伪警察分所告密。敌人出动二百多人进山“围剿”，情况十分危急。崔姬淑和战友们迅速转移到深山密林中。敌人在山下各处建起帐篷，设立“围剿”点，渐渐缩小包围圈。她们只好翻山越岭躲避。敌人在后面追，口口声声叫嚷：“快投降！”队员们撤到一个小山村时，与敌人短兵相接了。战斗打得非常激烈，队员们边打边退。这时，崔姬淑的腿部不幸中弹，行动非常困难，其他战友也负了伤。这时正好村里树桩上拴着一匹白马，同志们连忙让她骑上，她却毅然拒绝了，并快速让受伤战友上马，打马飞驰而去。在生死关头她把生的希望留给了战友。面对敌人疯狂的追捕，身边几名战友轮换背着她，行动非常困难。战友因她不能突围，她看在眼里急在心头，便哀求道：“别管我，你们快走！”这时，敌我双方又接上了火。在这紧要关头，她一把推开战友，躲藏在一块大岩石下，强忍着伤痛开枪还击，吸引敌人火力。鲜血染红了岩石和白雪，敌人发现她并包围上来，抓住她。战友们强忍着悲痛撤离到密林深处。

敌人张牙舞爪狞笑着，把她的金戒指和怀表抢去。被捕后，敌人把她押送到龙井医院，看管起来。在病床上，她听到走廊里传来说话的声音。咦，这声音这么耳熟。等人进来定睛细看，不由得产生一种不祥的预感。“这不是政委金在范吗？他怎么在这？”这时，金在范以颤抖的声音说道：“姬淑同志！你伤势很严重，还需要医治，你要合作，要想清楚，要活下来。”话音未落，崔姬淑在床上气得咬牙切齿，怒目盯视，大声打断他：“住口，真卑鄙，你给我滚！”金

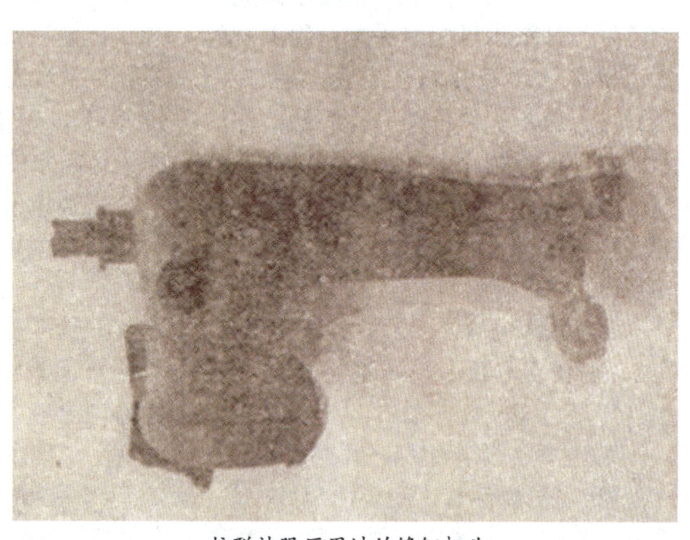

抗联被服厂用过的缝纫机头

在范吓得脸色煞白，身子发抖，不敢再说，只好灰溜溜地退了出去。

崔姬淑看着金在范的背影，心想抗日队伍里怎么会出现这样的软骨头，真是人民的败类。眼前不由得浮起生死与共的战友们，想起并肩作战为国杀敌的姐妹们。她暗自下定决心，要战斗到生命最后一刻，绝不屈服，一定为抗联争光，做一名真正的共产党员，绝不叛党。

敌人对她的审讯开始了。几个日军不顾她的伤势，将她倚靠在墙上强行审讯。一个头目叫嚣着：“你是共产党吗？你们司令部在哪？你们还有多少人？”

为了严守党的秘密，她咬紧牙关一言不发。日军头目改变态度，用温和的话语说道：“尽管我们在战场上是对头，还是讲人道的。你负伤，我们还给你治疗的嘛！”崔姬淑还是沉默，怒视着他们。“你还年轻，还得好好活下去！跟我们合作吧！你还能回家过安乐日子。给你治伤，让你健康回家与家人相会。”

面对敌人的诱供，她淡然一笑说道：“你们别枉费心机了，我绝不会向你们屈服！”

“嘿嘿嘿！你年纪轻轻甘愿去死？”

“我当然要活着，我要活得好好的，看着你们日本帝国主义被打败。”敌人见软的不行，便更加疯狂地叫嚣起来：“好！我看你还能挺多久！我今天就把你眼珠子抠掉！”

果然，他们把眼科医生找来，把姬淑捆绑得结结实实，用极其残忍的手法抠去了她的双眼。

姬淑痛苦难当，昏厥过去，待醒来后，怒吼道：“你们可以挖去我的双眼，但是你们却夺不走我心中的光明和共产主义信念。我们一定能等到胜利的那一天！”

日军头目又把外科医生叫来，下命令道：“把她的心脏挖出来，叫我看看！”

崔姬淑毫不畏惧，毅然回答“你想看，你就看看吧！我们共产党员的心脏，沸腾着正义的血液”，边说边挺起胸膛。杀人不眨眼的刽子手，残忍地下了毒手。

崔姬淑倒在血泊中，而表情却泰然自若。她为了中华民族的解放事业奉献了一片丹心，献出了宝贵生命，牺牲时年仅三十二岁。她用鲜血和生命谱写了一曲永远激励人们奋进的凯歌，用自己的血肉之躯在人们心中筑起了一座永放光辉的丰碑。

（本文由牡丹江市博物馆和烈士纪念馆管理处供稿）

忆抗日民族女英雄李林

文/李登流　刘华香

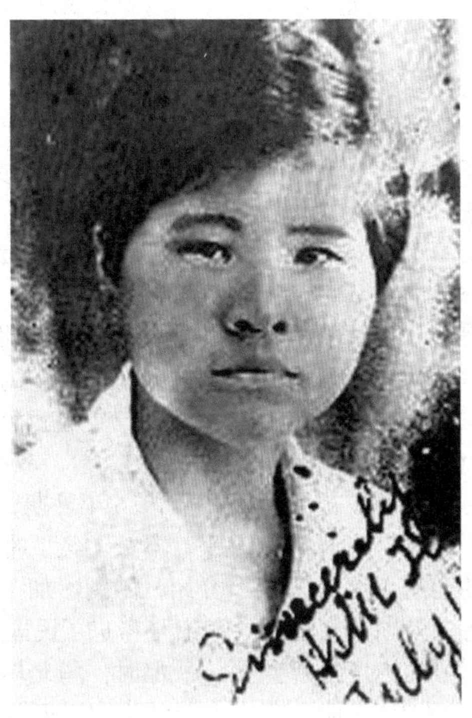

李　林

在抗日战争期间，我们几人曾经同李林一起，战斗在山西雁北敌后抗日游击区，与她结下了深厚的同志友谊，屈健还与李林结为夫妻。时间虽然过去了近五十年，可是李林烈士那刚毅勇敢的性格，文武兼备的才能，大公无私、舍己为人的品德和她忠于党的事业的坚定信念，都给我们留下了难以忘怀的印象。

在抗日救亡浪潮中锻炼成长

李林原名李秀若，1916年出生于福建省龙溪县一个贫苦农民家庭。她出生刚四十天，就被该县石码镇侨眷陈茶收为养女、三岁时随养母远渡重洋，到印度尼西亚爪哇岛上的泗水找到养父李瑞奇。李在当地经商，经济比较富裕。

李林跟养父母在泗水度过十几个春秋。她耳闻目睹许多荷兰殖民主义者歧视华侨、压迫爪哇人的事情，在养父母和侨校教师的启迪下，幼小的心灵里渐渐形成了深厚的民族意识，她思考着：中国人为什么不能团结？爪哇人为什么不能团结？为什么受人欺负而不起来反抗？她感到中国人在爪哇不自由，日益盼望回祖国读书。

1929年，李林在华侨学校毕业后，随养母回国，进入了爱国华侨陈嘉庚先生创办的厦门集美学校。在这个风景如画、爱国一家的天地里，她处处感到祖国的可爱，欢欣不已。她酷爱文学，希望将来做个文学家。

1931年，九一八的炮声让中国人民的民族意识觉醒，也打破了李林当文学家的梦想，集美学校在全国人民抗日救亡的声浪中，成立了抗日组织，发动募捐，支援东北抗日义勇军，开展抵制日货运动。1932年“一·二八”事变后，陈嘉庚先生写信给集美学校，勉励学生参加抗日运动。这时，李林的爱国热情迅速提升。她积极参加各种抗日活动，并开始思索自己应该走什么道路。

1934年冬，李林在集美学校初中毕业后，到上海爱国女中就读。当时，报纸上天天有主权沦丧的消息，这深深地刺痛着李林的心。那时，爱国女中附近就是日军兵营，军事演习的炮声常常会中断学校上课，学生们非常气愤。有一次学生们正在自习，日军的炮声又起，李林实在气愤不过，拍案而起，大声吼道：“这还成什么国家！”她紧握拳头说，“总有一天要把这些强盗赶出中国！”在这种激愤情绪下，她挥笔写了一篇《读木兰词有感》的作文，抒发了她的爱国情怀，展示了她“甘愿征战血染衣，不平倭寇誓不休”的决心和英雄气概。这篇作文被语文教师破格打了一百零五分，在学校墙报上公布后，轰动了全校。李林在爱国女中，得到进步同学胡文新、贾唯英等人的帮助，受到进步同学们的爱戴，被推选为学生会的宣传委员。此时，李林决心要参加抗日救亡工作，把自己的前途和祖国的命运紧紧地联系在一起。

1935年12月20日，李林在上海参加了声援北平“一二·九”学生抗日救亡运动的大游行。1936年春，她在上海参加了党的外围组织“抗日救亡青年团”。

李林热情地投入抗日救国的洪流中。在参加上海学生宣传团到松江宣传抗日时，她挺身而出与国民党警察斗争，然而被强行送回学校，学校当局不能容忍，声明要开除她和贾唯英。她俩下定决心到五四运动和“一二·九”运动的策源地北平去。就在此时，她改名为李林，取“列宁”二字的中文谐音，表示她要追随列宁，努力争取做一名无产阶级的先锋战士。

1936年暑期，李林和贾唯英到了北平。不久，经贾唯英哥哥的朋友秦仲方介绍，她俩参加了“民族解放先锋队”。李林还考进了民国大学政治经济系。

那时，华北局势进一步恶化，五省亲日势力阴谋策划“独立”，日本帝国向华北增兵，其中国驻屯军以北平为进攻目标进行军事演习，竟然携带重炮和坦克穿行北平城。1936年11月15日，日军和伪蒙军侵犯绥远，傅作义将军率部抵抗。可是南京国民政府仍然采取不抵抗政策。对此，李林痛心疾首，义愤填膺。于是，她在民国大学地下党员吕光的帮助下，如饥似渴地阅读马列著作，同时深入平民、士兵和农民中进行抗日宣传。理论学习和实际行动的结合，使她开始体会到，单靠学生的力量是不行的，必须与工农兵群众相结合，才能取得抗日的胜利。

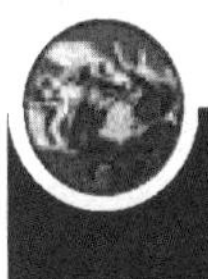

1936年12月，为抗议国民党当局扣押上海七名爱国领袖，北平学生举行大游行。李林担任民国大学游行队伍的旗手，被反动警察打得头破血流，但她仍忍着剧痛，高擎红旗，引导游行队伍前进，显示出勇敢无畏的气概，李林在抗日救亡斗争中迅速成长。1936年12月大游行后，经吕光介绍，李林加入了中国共产党。从此，她便在党的直接领导下工作和战斗。

到抗日斗争的前线去

李林入党不久，便决意投笔从戎，到抗日斗争的前线去。

1936年10月，我党派薄一波等同志去太原，和阎锡山建立了特殊形式的抗日统一战线关系，接办了山西抗日牺牲救国同盟会（以下简称“牺盟会”），开展抗日救亡工作。为培养大量干部，牺盟会在太原国民师范学校举办军政训练班和民训团等训练机构。

这年冬天，中共北平市委动员一批青年学生去太原接受牺盟会的军政训练。李林听到这个消息后，非常高兴，积极响应市委号召，于12月底，同一批北平、天津的青年学生一起到太原，与中共山西省公开工作委员会（以下简称“山西工委”）联系，随即进入了军政训练班。李林先被编入男女混合的十二连，同屈健在一起。后来，李林又被调到十一连，一面学习，一面兼任（秘密的）党支部书记，同时担任军政训练特区党委的宣传委员。她遵照党的指示，大胆而谨慎地在学员、教官中开展党的工作。

在训练班，李林带头脱下学生装，并亲手拆洗、改做灰棉旧军装，带动一些不愿穿旧棉军装的女学生，变成了飒爽英姿的女战士。

在训练班，李林和其他党员一起，在特区党委领导下，积极解决教官与学员之间的矛盾；帮助从阎锡山军队中调来担任军事课的教官改进训练作风和方法，克服简单粗暴的毛病；帮助一些有抵触情绪的学员，从抗战大局出发，克服怕苦怕累情绪，努力学习军事技术，为开展游击战争做好准备。在训练班，李林带头刻苦学习军事技术，她练投手榴弹，甩肿了手臂，仍坚持练习；练射击，腿肿了，肘肿了，仍继续操练，使一些原本看不起女兵的军官也为之感动。在这期间，牺盟总会根据大同和雁北地区的重要战略地位，决定向大同市和雁北各县派去特派员，做抗日救亡工作。李林为实现她到抗日前线同日军作战的心愿，曾向牺盟总会提出要随特派员到大同去，但未得到批准。

七七事变后，山西工委指定阎秀峰、侯富山、李林组成中共雁北工委，由李林担任宣传委员，赴雁北开展工作。接着牺盟总会又决定在大同建立中心区，由吕调元任秘书（主要负责人），阎秀峰负责组织工作，李林负责宣传工作，李林得知此消息，喜出望外。

1937年7月下旬，赴大同中心区的人员，在吕调元带领下到了大同。这时日军正在进攻张家口，窥伺着柴沟堡、天镇和阳高。敌机不断空袭御河桥和大同市。大同中心区先后住在城内青年会和大同城东小南头村的大庙内。李林不顾敌机轰炸，亲自编写并和同志们一起印刷传单，宣传全民动员，各党派联合起来打日军、除汉奸，誓死不当亡国奴。经李林建议，雁北工委开会讨论决定，学习毛主席的《中国革命战争的战略问题》，组织农民自卫队，开进山区进行训

李林戎装

练，以便在敌人打来时，开展游击战争。中心区委同意这些意见，并协同到附近农村动员青年参加抗日自卫队。到8月下旬，自卫队发展到一百二十多人。这时的自卫队，两三天集合一次，由李林给他们讲政治课，使他们懂得抗战救国、抗战必胜的道理和开展游击战的方法。这时传来了中共洛川会议的消息和抗日救国十大纲领的内容，使中心区的工作明确了方向。

8月底至9月初，中心区召开十三县牺盟会特派员会议，讨论如何贯彻中共洛川会议精神，动员组织抗日游击队，开展敌后游击战争。然而，这时张家口已陷入敌手，国民党第六十一军在天镇一线败退下来，日军正向阳高逼近，大同吃紧，一片溃败景象，于是中心区结束特派员会议，决定由李林负责集合并率领抗日自卫队，向怀仁一带山区转移。为防止敌机轰炸，中心区和自卫队于11日晚上行军，拂晓到达怀仁县城一个大庙前的广场休息。由于大家都很疲劳，许多人坐下来就睡着了。突然敌机一阵轰炸，这些未经过严格训练的自卫队员都跑散了。李林满怀悲愤，只好随中心区的同志向关内撤退。后来李林回忆这段感受时写道："因为工作没有基础，同时也没有工作经验，同志们都迫不得已离开了工作地区。记得我们步行到雁门关的时候，我望着那盘曲的汽车路，那耸立的山岭，我忍不住偷偷流眼泪了。我不明白，我们为什么要退回来，我什么时候才会再出雁门关。"

正当阎锡山的军队从雁门关溃败的时候，中国共产党领导的八路军正向前线开进。这时，由中共晋绥边工委书记赵仲池和梁雷同志率领刘华香、柏玉生等三十多名干部，配备一部分步枪，并

携带一部电台，从太原向雁北挺进，准备在雁北地区开展抗日游击战争，创建敌后抗日游击根据地。李林在雁门关内的阳明堡与赵、梁等相遇，感到非常高兴。由于她再三要求去大同，赵仲池答应了，并配给她一支步枪一同北上。于是李林二出雁门关。

驰骋疆场威震敌胆

晋绥边工委赵仲池一行走出雁门关，在平鲁县城工作几天后，在日军侵占平鲁前一天转移到偏关县，一面与后方领导机关建立联系，一面在偏关发动群众，组织游击队。晋绥边工委在部署雁北工作时，分配李林筹办党员训练班和偏关县妇救会的工作。李林一再提出还是愿意搞武装工作。工委根据组织抗日游击队的需要，同意了李林的请求，让她在偏关县组建抗日游击第八支队。

这支队伍从 1937 年 10 月中旬起开始组织，经过李林同偏关县的妇女救国会、工人救国会的同志一起，到农村发动青年农民，到煤窑发动青年工人，在城内挑选外地逃来的青年，还由刘华香、柏玉生到偏关、清水河交界处，发展游击队员，这样逐步组建起了一支几十人的游击队伍。队伍组建起来后，李林亲自物色干部，找住房，筹办伙食单位，编写军事、政治教材。后来党组织又将北伐战争时期入党的老党员王零余同志从东北军何柱国骑兵部队中商调出来。到八支队负责军事行政工作，使第八支队逐步健全起来。随后即任命李林为支队政治主任，王零余为支队参谋长。由于他们合作得很好，这支队伍迅速发展，到 12 月扩大到二百多人。经过严格的军事、政治训练和打击小股土匪的锻炼，支队战斗力得到了较大提高。李林为提高这支部队的政治素质付出了无数的心血，她在负责政治训练的过程中，不仅深入浅出、生动具体地讲明抗战救国、抗战必胜以及为什么要当八路军，怎样当好八路军等道理和要求，还非常关心干部战士的思想和生活，一有时间就找战士们谈心。她处处以身作则，和战士们一样吃莜麦面、山药蛋和小米，因而干部战士都非常尊重她、爱戴她。

1938 年 2 月，中共晋绥边特委（由原晋绥边工委改称）在八支队的掩护下，向平鲁、右玉西山一带挺进。行军的第一天晚上，在偏关以东二十多公里处，支队遭遇一股伪军攻击，王零余和李林指挥八支队打垮了敌人，掩护边区特委机关安全到达平鲁县境。

八支队在平鲁西山经过一段整训后，随即开赴右玉、左云以北，转战长城内外。一天下午，支队人员行至凉城县天成村附近，得知麦胡图村有一股伪军骑兵在村中驻扎，每天午后有少数士兵带领马匹到村南河边饮马。王零余和李林商定，立即抽出三十多名精悍的战斗骨干，换上便衣武装，潜伏在河边，待马群出现时，以猛烈的行动将敌人歼灭，夺得五十多匹马，十余支枪。于是，他们将一中队改为骑兵中队，使八支队成为步骑兵混合支队。鉴于雁北地区在斗争中发展了几个游击支队，一二〇师首长指示，把这些游击支队改编为一二〇师独立第六支队。八支队和右玉县组建的五支队、平鲁县组建的七支队的骑兵，合编为独立第六支队骑兵营。贺龙、关向应等领导同志非常关心李林，考虑一个女同志在部队上长期行军打仗不方便，准备调她到地方上去工作。李林很感谢首长的关怀，一再诚恳表示，愿意留在部队直接和日本侵略者作战。经过晋绥边特委研究，嘉许了她的壮心，答应她的要求，分配她担任骑兵营教导员，王零余任骑兵营副营长（不久任营长）。李林和王零余率领这支队伍转战雁北各地，接连取得了许多胜利，他俩的名声也渐渐传开来。敌人曾经到处张贴布告抓捕李林，而抗日的人民却对她无限热爱，尤其在根据地的女干部中，她成为人们学习的榜样。同年 7 月，由于一二〇师贺、关首长的关心和工作上的需要，李林被调到新建立的牺盟会晋绥边工作委员会（以下简称边委会）任宣传委员，并兼管地方武装。9 月 16 日，李林到边委会报到后，感到地方上的民运工作远比部队工作复杂。全区所辖十多个县，有上千个村子，可是边委会只有七八个人，敌情又紧张，工作确实难以开展。由李林提出，经边委会仔细研究，决定马上举办干部训练班，就地解决干部问题，并任命李林为干部训练班的主要负责人。在敌后办训练班，分散住在群众家里，困难很多，敌情紧张时还要经常转移。由于李林热情地接待他们，逐个找他们谈心，了解他们的出身、经历和思想情况，并亲自给他们讲主要的政治课，使大家精神愉快，学习自觉刻苦。从 1938 年 8 月到 1940 年初，共办训练班六期，从青年农民、学生和煤炭工人中，先后培训干部二百六十多人。这些人分配到各县区，都成为牺盟会的骨干和领导人。1940 年后都转入政府或党委工作。不少同志在与敌人斗争中表现得英勇顽强，有的为抗日事业献出了宝贵生命。李林在主持这项工作中，废寝忘食，呕心沥血，作出了卓越的贡献。

1939 年初，晋绥边牺盟游击支队组成，同年夏天被改编为决死队第四纵队十八团二营。柏玉生先后任支队长和营长。李林代表边委会不断指挥这支部队打击敌人。

同年 10 月 25 日，日伪军两千多人从各据点出动，向我洪涛山抗日游击根据地进行第七次围攻。日伪军集结到我根据地边沿的岱岳、井坪、曾子房、吴家窑，然后采取分进的办法，于 25 日晚上向我根据地中心地区赵山、孟山一带开进。边委会的李林和屈健、柏玉生带十八团二营主力连（边委会政卫连），直奔敌同蒲线上的重要据点岱岳。26 日凌晨到达岱岳后，一部分袭击岱岳车站，一部分袭击伪镇政府。李林带机枪排摸到敌兵营门口，并亲自端着机枪，和战士们一起向敌兵营射击，当场打死敌哨兵一人，打伤数人，缴获战马两匹。由于我乘敌之虚，出其不意地进行攻击，为数不多的敌人只能龟缩在据点内还击，并向大同日军师团部求援。大同敌酋立即派铁甲车支援岱岳，还从大同派出两架飞机前来助战，并调回“围攻”我根据地的日伪军来追击我们的部队。这时，李林等早已率领部队朝东北方向急进二十多公里，转到怀仁山上的陆家窑头，远远地甩开了敌人，胜利地粉碎了敌人的“围攻”。后来，李林写了《突破敌人的第七次“围剿”》一文，刊登在晋绥边区的《抗战日报》上。文章总结了反“围剿”的经验后写道：“敌人企图是要来歼灭我们抗日游击根据地的全部抗日力量，但结果我们不但没有受到损失，而且袭击了敌人的后方，使敌人不仅扑了空，而且惊慌地逃回去了。”“总之，我们相信，只要我们坚持下去，我们定会取得最后的胜利。”李林不仅是对敌斗

平鲁烈士陵园的李林雕像

山西省朔州市平鲁区李林中学

争的英雄，也是反顽斗争的勇士。

1939年3月，李林奉命到陕西省宜川县的秋林镇，参加阎锡山召开的“晋绥军政民高级干部会议”（即秋林会议）。这是阎锡山召开的一次重要“反共”会议，其目的是消灭山西进步势力，以实施对日妥协投降。其主要阴谋是取消牺盟会，夺取牺盟会所掌握的全部权力，消灭决死队和一切新军武装，取消决死队的番号，取消政委制，把新军改编为旧军一样的编制，把新军的指挥权掌握在他手里。为此，顽固派在会议上制造种种谣言，胡说八路军和新军“游而不击”，污蔑牺盟会“美女”的狐狸尾巴露出来了，等等。李林根据党组织的指示，与以阎锡山为代表的顽固派进行了激烈斗争。她先后两次在大会上当着阎锡山的面发言，用亲身经历和所见所闻的大量事实，有力地驳斥了顽固派分子对八路军、新军的恶毒攻击。她反驳说：“八路军、决死队、牺盟会在敌后领导人民抗战的时候，有些人名义上拥护司令长官，实际上是破坏抗战，向在敌后浴血抗战的队伍进行恶毒攻击。牺盟会、决死队到底干了什么坏事？究竟谁是狐狸？”她说，“在两年的战斗中，我们历尽艰险同敌人浴血奋战，敌人曾悬赏五千元要我的头颅，可是今天，换来的却是一个狐狸的名声。我，我受不了这样的糟蹋，我们到底做了哪些见不得人的事，你们说出来嘛。”

李林义正词严而又生动有力的发言，震动了会场。革命同志和进步人士鼓掌称赞，而顽固派一个个哑口无言，连阎锡山也无可奈何地闭上了双眼。“秋林会议”后，山西政局继续逆转。这年冬天，国民党顽固派掀起了全国规模的第二次“反共”高潮，阎锡山大打出手，充当“反共”急先锋，发动“十二月事变”，命令山西旧军进攻新军晋绥边境地区的顽固派打死打伤我方人员多人。面对这股反动逆流，中共晋绥边特委根据晋西北区党委的指示，决定对雁北地区的顽固派进行坚决反击，由李林统一指挥八团二营、政卫连和边特委指派前来支援的六支队骑兵营、二营二连等武装力量，首先铲除右玉南山附近四个顽固的县区政府和保安队。李林把这两部分武装分别编为四个分队，并作了统一部署和深入动员，于12月28日晚上统一行动。李林亲自带一个分队，突袭设在陆家窑的怀仁县顽固政府，仅用三个小时便结束了战斗。抓获了顽固县长及骨干分子十余人，收缴枪支弹药一部分和文书档案等。其他三个分队也都按计划完成了反击。左云、右玉、朔县五区等县区顽固政府的任务，共缴获枪支一百多支和一部分弹药，抓获顽固政府人员二百人，经审理，大部分教育释放，对少数比较进步的分子安排了工作。对极少数罪恶严重、民愤大的，于1940年1月中旬召开反顽斗争胜利大会时，予以镇压。自此，抗日政府成立，雁北抗战工作在我党的领导下，各方面团结一致地开展起来。

李林在对敌斗争中刚毅不屈，疾恶如仇；对同志、对人民热情似火，团结友爱。我们在共同战斗、学习和生活的过程中，都曾得到她的帮助和支持。她在宣传和组织群众的过程中，经常和群众拉家常，认了许多“干妈”，结了不少“干姐妹”。在她工作过的地区，人民群众没有不认识她、不尊重她的。

1940年1月，李林参加了晋西北军

民代表大会，被选为晋西北行政公署委员。在召开委员会议前，贺龙师长接见了李林，进行了十分亲切的谈话，询问了她的身世和她在雁北斗争的情况，赞扬她在敌后斗争中的英勇表现和领导才能。贺龙说："一个来自大城市的女大学生，能带领骑兵，在长城内外大战日本兵，打出了威风，很不简单！"在行署委员会开会时，贺龙特别向全体委员介绍了李林。他说："这是我们的抗日女英雄，一个华侨女学生能在敌后领兵打仗，值得大家赞扬！"

同年2月上旬，根据晋西北行署的部署，雁北专门召开了各界人民代表会议，选举并宣布成立第十一专员公署，牺盟边委会全体人员和武装力量都转入专员公署建制。屈健、武养民分任正副专员，李林被任命为秘书主任，开始了新的战斗生活。

血染江河名垂青史

洪涛山抗日游击根据地，直接威胁着敌方战略要地大同和同蒲路北段，成为敌人的心腹之患。因此，从1937年12月起，日军对根据地先后进行八次大规模的"扫荡"，妄图将它摧毁。1940年，我军反顽斗争胜利后，日军更加残酷地向游击区的中心地带进攻，并进行政治渗透和经济封锁。从2月19日起，日伪军在进行第八次"扫荡"中，曾施放毒气，残害我抗日军民。紧接着又调集日伪军数千人，于4月25日，进行第九次"扫荡"。

这时，雁北地区党政军机关和人民团体，分住在洪涛山西侧的一些村子里休整。25日得到敌人向我游击根据地"扫荡"的准确情报，晋绥边特委赵仲池、姜胜同专员公署李林等立即分析敌情，决定各机关、团体迅速向我第六支队三营靠拢，商量反"扫荡"的对策。于是，立即通知地委机关、抗联和训练班的人员，于晚饭前到专署所在地吴辛寨集合。晚饭后，集合五百多人，由吴辛寨出发，于当晚10时到达三营驻地乱道沟村。赵仲池、姜胜、李林和三营营长李登壕以及武养民、康庄等领导同志紧急商定，向敌薄弱地带平鲁县老城方向突围，而后与六支队主力会合，以优势兵力重点攻击敌方一路，粉碎敌人的"扫荡"。当时的具体部署是：三营三个步兵连为前卫开路，姜胜、李林率警卫排、政卫连和三营骑兵连作后卫，带领机关、训练班和人民团体，紧随三营之后突围。队伍行动前，李林作了战前动员，要求服从命令听指挥，不准掉队拉距离。

三营行动迅速，很快经过平太村南山。当接近张小峰山时，发现左前方山坡上有一股敌军爬上来，该营便立即发动攻击，一阵枪扫炮轰，把敌人压了下去，迅速占领有利地形，并几次派出武装力量与后续队伍联系，但没有结果。姜胜、李林带的队伍中非战斗人员多，没能跟上三营。当大家爬上张小峰山坡时，敌人已抢占山头，并向我开枪射击，队伍一下子乱了阵脚。姜胜和李林商定后，趁天还未亮，由政卫连边退边掩护整个队伍退到山下平太村，伺机再向北突围。队伍撤到平太村，发现南、北山上也有了敌人，枪声四起，人们更为慌乱，形势万分危急。赵仲池、姜胜和李林商讨对策时，姜胜提出："只有让骑兵连向相反的方向冲才能调动敌人，掩护大队人员向北或向西突围。现在是需要有领导同志去指挥骑兵连。"听到这个方案后，李林立即表态说：“我带过骑兵，我去指挥！”她一边说着，一边提起她的驳壳枪，跨上她的菊花青战马，走到骑兵连面前，大声说，“同志们。跟我来！”骑兵连战士们纷纷勒过马头，向平太村沟东冲去，一时喊杀声四起。一阵尘土飞扬，敌人误以为被围的八路军都向东突围了，也随之从两边山岭上尾追而去。这时，姜胜所带的大队人马便向西突围。一部分走不了的同志，有些被平太村群众掩护，有些跑到八沟内坎坎洼洼处隐藏起来。

李林率领的骑兵连边打边冲，战斗十分艰苦，人马伤亡严重，她的警卫员王二和的马中弹倒地，他仍要随李林杀敌。李林强令他带上文件到村中找群众掩护。李林带着为数不多的骑兵连战士，冲到西断川村边，这里地形开阔，已经快冲出包围圈了。可是，西南方向枪声仍紧，她怕大队还未突围出去，又掉转马头，向西南方向冲去。李林脚踏马镫，伏在马背上用她的驳壳枪连续对敌射击。在冲到小郭家窑村后的羚羊山时，菊花青马不幸中弹，李林摔下马来。跟随她的两名战士也牺牲了。她的腿部和胸部都负了伤，她挣扎着爬行，选择一个地坎，躺着不动。待敌人冲上来，她又连连射击，先后毙伤六个敌人，迫使敌人停下来。这时，她所带的驳壳枪子弹也打光了，小手枪也只有一发子弹。敌人越来越近，她自知已无力冲出去，最后毅然以小手枪内最后一颗子弹，打进自己的喉部，壮烈牺牲！敌人撤退，路经平太村北的小川村时，一个伪军对几个老乡说：“在南山同我们打仗的，打死后收武器时才知道是个女的，她打死我们好几个人，太君说‘女八路的真厉害’！”

李林的牺牲，引起雁北人民的极大悲痛。安葬那天，雁北各界举行了追悼会，几百名群众和干部都流着眼泪向李林的灵柩告别。追悼会上，副专员武养民致悼词，晋绥边特委书记赵仲池发了言，号召大家学习李林。许多人痛哭失声，特别是李林结交的一些“干妈”“干姐妹”，还专门带上祭品到墓前祭奠。追悼会后，李林的临时墓地被安设在晋绥边地区抗日游击区的中心地带东石湖村的高崖下边。

为了怀念李林，晋绥边特委和专署根据广大干部和群众的建议，决定在平鲁西山创办李林高小。

李林牺牲的消息传到后方，中共中央妇委从延安发出哀悼讣闻。延安《新中华报》、《中国妇女》杂志、中共中央晋绥分局《新西北报》、重庆《新华日报》，相继刊登了李林英勇殉国的消息、社论和悼念文章。中共中央妇委5月26日的唁电说：二十四岁的李林同志，不仅是我们女共产党员的光荣、模范，而且是全国同胞所敬爱的女英雄。今竟英年战死，实我中华民族，特别是我国妇女界的重大损失。唁电最后写道：“特号召全体女共产党员同志和全国妇女同胞更加奋起抗战，为完成李林同志的未竟事业而奋斗，为李林同志及一切抗敌殉国的烈士们复仇而奋斗！”《新西北报》5月26日发表的《悼李林同志》的社论中说：“在这伟大的时代中，虽有不少民族女英雄，然而像李林同志深入敌后，指挥武装部队，领导工农群众与敌冲锋陷阵，血肉相拼，坚持三年之久，创造下辉煌永远不可磨灭战绩的恐怕只有李林同志了！尤其是此次在敌人四面包围而来，无法冲出，终不免于一死的坚强信念下，沉着英勇、顽强地毙敌人六名，最后毅然以枪膛中最后一粒子弹打死了自己，而免于遭敌辱杀。这种伟大的壮举，真可动天地而泣鬼神，成为中华民族英雄的最光荣的典型。”

1952年，雁北平鲁县在县领导机关所在地井坪建立的烈士陵园内，专修了墓道，将李林和其他烈士的遗骨安放其间，每年清明节都举行仪式悼念烈士英灵。

20世纪70年代，根据周恩来总理的指示，先后出版了《民族女英雄李林》等多本描述李林英雄事迹的丛书和小册子。

1985年，摄制了李林的电视纪录片。

1985年4月26日，是李林光荣牺牲45周年纪念日，山西省委与中华全国华侨联合会联合举办了纪念活动。中顾委副主任薄一波为纪念李林题词：中华民族的优秀儿女，共产党员的光辉模范。同日，《人民日报》发表了刘亚雄、牛荫冠、屈健听撰写的《缅怀归侨抗日女英雄李林烈士》的文章。李林烈士的光辉形象，将永远活在人们心中！

（本文作于1988年，由八路军太行山纪念馆供稿）

抗日女英雄画册

跟着贺龙舅舅走长征

口述/向　轩　整理/成政编

向轩的近照

1933年夏天的一个晚上，由于叛徒出卖，在鹤峰县太平镇洞长湾休整的赤卫队遭到敌人的突然袭击。名震湘鄂西的赤卫队女队长贺英在战斗中牺牲。牺牲前，大姨将自己的手枪、三块银圆和一个金戒指交给身边年仅七岁的我，对我说："快走，找红军，找大舅去！"

我的大舅是贺龙。此时，大舅已回到湘鄂边一带打游击。洞长湾一战，赤卫队伤亡惨重，一夜之间大舅失去了好几个亲人。当脚踝上带着枪伤的我见到大舅时，大舅心疼地抱起哭得泪人般的我。他抚摸着我的头，将大姨留下的手枪送给我，并发给我一套军装。就这样，我成了红三军军部通信连的小战士。

1935年11月，红二、红六军团主力从湖南桑植地区出发，开始长征。

长征后，我被分配在军委分会当通信员。当时，军委分会有十几个与我差不多大的“红小鬼”。对这十几个“红小鬼”，部队没有安排具体任务。而我却每天准时到贺龙那里报到，这主要是因为我很喜欢刚出生不久的小妹妹贺捷生。我每天围着舅妈蹇先任，跑前跑后，帮着背、帮着抱，而舅妈也给予我很多的照顾。有什么好吃的，哪怕是野菜，舅妈也要给我留着。长征中，大舅为了不让我挨冻受冷，到了条件稍好的地方，就让我同他一起睡。可我一直有尿床的毛病，时间长了，警卫员嫌麻烦，就不想让我同首长睡一张床，但被大舅劝止了。一天早晨，我从外面回来，看见大舅正在洗床单，冻得两手通红。此情此景使我羞愧无比，我发誓以后再也不睡在舅舅的床上了。

尽管我很懂事，可毕竟还是个孩子。一路上也没少挨舅妈的批评。部队渡过金沙江，来到云南，正是冰河解冻，惊蛰萌动时。一路行军，人困马乏，刚到一个小镇，部队就开始忙着打土豪、筹粮食。上级规定，这些活动不许我们这帮小家伙参加。因为打土豪有规矩，一切缴获要归到供给部，然后再统筹。但这次我跟在队伍里凑热闹，谁也没太在意。一个地主家腌了一缸咸蛋，白里泛青，煞是喜人，我看到后，不顾规定，顺手揣了五六个，盘算着去舅妈那里看妹妹。这事被大舅知道后，把我叫来，黑着脸问我为什么要私拿咸蛋？我自认为不是什么大错，嘟囔着承认了，并按大舅的要求将咸蛋交给了供给部，但心里并不服气，委屈地在河边溜达。这时，我看见河边的树上拴着一匹枣红色小马，很矮。我上去拍拍马屁股，这匹马既不踢人也不跳，很温驯。这下，我又高兴了。于是，一切烦恼统统抛到了脑后，跃上马背。第二天行军，我扬扬得意地把马骑到大舅前面。大舅问：“你的马是从哪里来的？”我不以为意地说：“河边牵的。”话音未落，大舅大吼道：“不遵守群众纪律，有什么资格当红军！”

大舅因我违反“群众纪律”的事，差点儿开除我，这事让我铭记“群众纪律”的极端重要性。

在我看来，舅舅贺龙既讲原则，又讲感情。

长征越走越艰苦。我脚下打满血泡，膝关节像没上油的机械，磨得生疼，肿得老高。大舅看在眼里，疼在心上，搞来了几头骡子，让十几个红小鬼轮流骑。因为我年龄最小，所以很得其他同志的关照。

每每忆起长征岁月，我心中总是波澜起伏，在与舅舅朝夕相处的一年中，我学到了、也懂得了很多革命道理，使我受益终身。

（本文选自《解放军报》）

难忘那段青春岁月

口述/赵永耀　整理/郭　宁

赵永耀

赵永耀，1928年出生于江苏省靖江县（今靖江市）太和区滨江乡。1945年参加新四军，在靖江独立团卫生队工作，1947年在苏中军区十一纵队三十二旅二五七团。解放战争时期，参加了黄桥战役、盐南战役、李堡战斗、淮海战役、渡江战役等。1950年底，所在部队改编成空军部队，后由于身体原因转到地方，1958年进入江纺。因在医学方面颇有研究，1964年转到江西中医院，1984年到中医学院组建政治思想教研室，直到1991年退休。

与当年许多参军的小鬼一样，我同样是因为家境贫寒走进部队踏上战场的，在一次次的战争中历练成长，并有幸躲过子弹炸药走到今天，向我的子孙讲述那些烽火连天的作战岁月。连我自己都没想到，我一个“旱鸭子”还能渡过长江。那时正是一块木板将我拉到了江水对岸，让我随军一路向南……

跟着三叔参加新四军

我是1928年出生于江苏省靖江县太和区滨江乡的一个佃农家庭。因为是长孙，所以我深受家人宠爱，六岁起在私塾读书，后因家境贫寒，十四岁时被送到理发店当学徒。那时候当学徒就是被压榨，不仅要付学费，而且吃饭限量，常被打骂。这些我都还能忍受，但是每天看着日本军队的巡逻兵在门前走来走去让我无法忍受。学了五个月后，我最终还是回家了。

一回到家，我就听到一个好消息：三叔已参加新四军。这让我萌生了跟三叔参加革命的念头。我多次托人带信给三叔，回答都是“你太小了，现在还不能”。偶尔见到比自己大的同学当上了新四军，我就羡慕不已。一直等到十七岁时，新四军靖江独立团攻克新镇市日伪军据点，在东兴镇召开庆祝大会时，我才收到三叔托人带来的口信：“你可以来参军了。”父亲亲自把我送到部队上，由于我有些文化，被分到团部卫生部。

1945 年 1 月 25 日，也就是在我参军后的第二十一天，五十多名新四军的伤员住在靖江县长安街市东一处叫张家坝的村子里。第二天清晨，一支日本小分队来偷袭村子，想一举消灭伤兵满员的这支新四军部队。但日伪军不知道的是，就在前一天晚上，团首长带来了三个连，住在西边几个村子里，准备埋伏突袭他们，这时日本兵已掉入了一个“大口袋”。

当日本兵走到离村子五百多米处，值勤哨兵发现了他们的身影，向村内发出警报。听到紧急通知的我立即带领伤病员紧急转移。团参谋长指挥一连从敌人左侧，二连从敌人右侧，呈包围之势迅速投入战斗。在日军来的正面，由一个装备精良的侦察班进行猛烈的机枪射击，日军见势不妙，掉头就逃。我们左右两个连一直追击到日军据点，日本兵逃到县城去了，待在据点里的十多个伪军被我军活捉，缴获鸡鸭鱼肉、糕点等一批年货，回营分给参战部队过了一个不错的新春佳节。

手持一颗手榴弹护送伤员

春节刚过，又一个任务落到我的肩

训练中的新四军战士

1945年春，山东军区部队连续向日伪军发起进攻。图为部队在行军途中

上——护送伤员。当时要将两名伤员转移到更为安全的海安市，距离所在地有七十五公里路程，我负责在途中为伤员换药并烧饭。为避开敌方的炸弹，我们几个人黄昏时出发。一行六人，只有我一个人带着一颗手榴弹，其他人都没有枪支弹药。海安市被一条河分成南北两部分，临近河边的一个村庄时，看到有国民党部队向南边跑去，我赶紧组织大家躲到了一间民房后面，避开了正面相遇。看到国民党部队远去，我们才悄悄地转到民房内做饭。但是，一场突然的冰雹造访，房顶都被打穿了。那时我才十七八岁，遇到突发情况还能随机应变，在回去之后，我得到了上级的赞赏。

因为思想上进，后经战友发展，1945年农历八月十五，我成为一名中共党员。“赵永耀，从今天开始，你就是中共党员了。”当时还在行军，途中团长告诉了我这个好消息，而实际上，那时我对党的认识并不深刻。但这个日子我记忆深刻，因为那天是中秋节。

从这之后，我又经历了无数次大战小战的洗礼，并在战争中迅速成长。

国民党伤兵变解放军骨干

抗日战争结束后，部队开回靖江县城整编休整。我在1945年11月初奉命到四连去任见习医务员。临近1946年春节，部队杀猪、宰羊、蒸馒头，按家乡习俗准备过抗战胜利后的第一个春节。可就在1946年春节到来的前三天中午，全连都在澡堂里洗澡，大家正洗得欢畅时，突然听到紧急的哨声。连长廖永昌命令:“快穿衣服，准备投入战斗！”

战士们拿着枪，我则背着急救包，赶往江边八圩港。原来是国民党开始向苏中、苏北解放区进攻，以重兵由江阴渡江，在靖江县八圩港登陆。我和战友急进十多里即与敌军交上火。我们的任务是阻止或延缓敌人进犯，以掩护我靖江县城里的政府与团直机关和后勤单位转移。我军五个连在团首长的指挥下，经一天一夜的激战，敌人未能前进。在掩护任务完成后，又奉命撤到指定地点待命。敌人迅速占领靖江县城。

不久，国民党撕毁“双十协定”，战斗全面打响。当时，我所在的靖江独立团的任务就是切断敌人的军用物资补给线，专打敌人从江南开过来的运输车辆和船队。1946 年 7 月 8 日，我团在宁界市附近拦截敌人由黄桥开往江南的船队，船上有团长以下一百多名伤员和两个排的护卫部队，速战速决，俘虏全部敌人及伤员和药品。对伤势很重的伤兵，我在天黑时用担架将他们送到敌占县城的城壕边，打几枪，喊话报信，叫敌方接回去。将一百多名轻伤兵留下，组织了一所战俘医疗队。我和战友为他们治伤，在治伤过程中，指导员对他们进行政治教育，提高他们的认识。近两个月的时间，伤员全部治愈，少数要求回家的人，发放路费，让他们回家，大部分都自愿留下来参加新四军。这些经过正规训练的兵，在一年后都成了解放军部队的班长、排长等骨干力量，打起仗来个个智勇双全。

渡江时抱着木板抵达对岸

1949 年 4 月 21 日，渡江战役全面打响。

我所在的部队在靖江县新港上船。“出发！”随着上级的一声号令，解放军万船齐发，向长江南岸扬帆而进，浩浩荡荡，十分壮观。他们那批渡江的兵力共有二十余万人，一个排在一条船上，合力划桨到对岸。第二天东方发白时，兵船接近江南滩边一公里处，南岸山头敌兵发现了船队。

“嗒嗒嗒……”敌军看见突然出现的渡江船队，开始最后的抵抗。他们用机枪向解放军射击，敌机也在天空盘旋，向解放军船队投掷炸弹。但也许是感觉到末日的来临，敌军失去了准头，江面上水花四溅，枪炮声震耳欲聋，却未造成解放军伤亡。

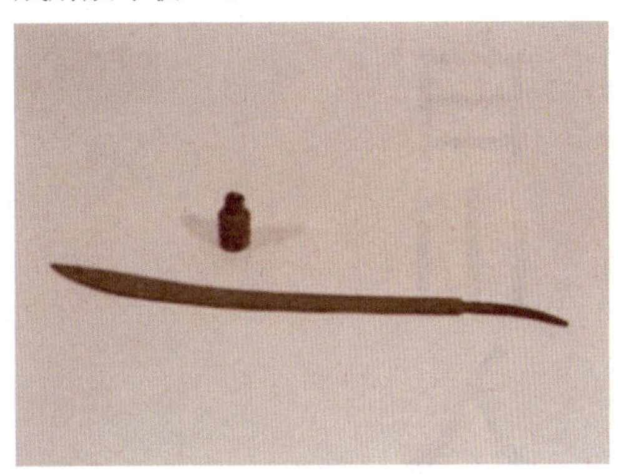

作战中使用的大刀和手榴弹

在船抵达距岸边二百米处，船只搁浅不能继续前进，要上岸，必须泅水而行。看着战友们一个个跳下水，我犯了难。战友忙从船上放下一块木板，要我抱着木板，由战友拉着，向岸边游去。

我所在的部队从黄山与肖山之间登陆，前沿已被兄弟部队突破。我们上岸后即向纵深推进，迅速与江阴黄山要塞的地下工作者取得联系，促使黄山要塞的敌军投降。在黄山休息一天一夜，部队又向无锡、苏州进发，这两个城市的敌军部分被俘，其余南逃。我所在部队迅速占领苏州。1949 年 6 月，渡江战役胜利结束。

（本文选自《江南都市报》）

翻越长白山入朝参战

口述/颜世义　整理/成积春

颜世义

颜世义，1925年9月生于山东曲阜市姚村镇辛店村。1948年7月参军，1949年2月入党。在解放战争时期，曾亲身参加过济南战役、淮海战役、渡江作战、上海战役等。1950年11月入朝参战，1952年11月任中国人民志愿军二十七军八十一师二四二团一营三连三排副排长，同年返回祖国。曾荣立三等军功三次，四等军功两次。1956年担任连司务长，后为响应国家号召，退伍回到家乡。1957年至1983年任村党支部书记。现为该村村民。

朝鲜战场上的永久记忆

翻开尘封的记忆，浮现在眼前的总是炮火连天、艰苦卓绝的抗美援朝战争场面和一个个牺牲的战友身影。我参加过解放战争，历经了济南战役、淮海战役、渡江作战、上海战役。但解放战争打的是人民战争，后勤保障充分，人民群众热情高涨，国民党部队士气低落，我军所向披靡、摧枯拉朽！而抗美援朝战争无论在气候环境、后勤保障还是在群众基础方面都与国内没法比，战争打得异常艰苦，面对强敌的战斗也异常惨烈，给我留下的记忆是刻骨铭心的。

翻越长白山入朝参战

我所在的部队是二十七军八十一师二四二团一营三连，记得1950年10月，我们正在上海附近松江一带整训，我当时的职务是三排八班的副班长，同大家一起天天进行培训学习，训练的课程是海滩登陆，为攻打台湾做准备。大约在10月底，部队忽然出发，踏上了北上的火车。大家都在打听这是到哪里去，但谁也搞不清楚。火车开到泰安停下了，部队住下后就开始学习打土坯构筑工事，说是练习对美作战。11月初，我们打的土坯还未晾干，又紧急集合上车，一气开到了辽宁丹东。到此时大家才从大喇叭的广播里明白了是怎么回事。原来，早在6月，朝鲜战争爆发，10月7日，美英军越过“三八线”，10月19日侵占朝鲜首都平壤，战火烧到了鸭绿江边。党中央、毛主席应朝鲜金日成请求毅然决定组织中国人民志愿军出兵朝鲜，“抗美援朝、保家卫国”，伟大的抗美援朝战争开始了。

我们先是从丹东入朝，开进去有十五公里就与敌人接上了火，当晚又返了回来，在丹东附近的山里住了一夜，第二天又开拔到吉林临江。按照志愿军司令部总体部署，命令我们二十七军从临江出发翻越长白山，绕到东线入朝作战。那时我们衣服单薄，浑身上下就是一身南方的单薄棉衣，被子还不够，有的连队几个人合用一条被子，过冬物资还来不及配齐就出发了。长白山海拔高，

1950年10月19日，中国人民志愿军秘密跨过鸭绿江，赴朝参战

第二次战役，志愿军某部在价川附近阻击敌人

越向上爬越冷，战士们打着哆嗦，脚冻僵了，手也没了知觉，口渴得不行，想喝一口水，但水壶里的水怎么也倒不出来，在临江出发时灌上的滚烫的水现在冻成了冰疙瘩！没办法，用炭条在壶里捣出个眼，化了一口水，往嘴里一倒，冰凉啊！含在嘴里吐也不是，咽也不是。我的牙不好，就是那次“糟蹋”出来的病。天黑了，宿营在长白山上尺把深的雪地里，我挖开雪层找到树叶层，一扒拉，发现树叶好歹还是干爽的，就地一卧就睡着了。这次行军，很多战士被冻伤了，部队减员五分之一以上，我的战友——兖州的小徐就在这次行军中冻坏了一只脚，送回国后被截肢，成了残疾人，后来我复员后去兖州寻找他，他可怜的老婆说，小徐已经去世了……

参加第二次战役

记得我们翻过山去不久就跟敌人接上了火。原来，以美军为首的“联合国军”倚仗其海空军和装备上的优势，在总司令麦克阿瑟的指挥下，狂妄地发起了所谓“在圣诞节前结束朝鲜战争”的总攻势，企图一举将我志愿军逐出朝鲜。战场东线美军第十军团分三路开始北犯。其中路新兴里之敌为美第七师第三十一团和第三十二团一个营及师属炮兵营，第三十一团叫“北极熊团”，堪称美军中的王牌。具有光荣历史传统和敢打敢拼作风的第二十七军按照志愿军司令部的命令准备“吃掉”这股敌人。11月27日深夜，第八十师和我所在的八十一师二四二团共四个团向敌人发起了攻击。战斗中，我们团绕过新兴里，出其不意地出现在新兴里南面公路，一营和三营先后攻占公路两侧的高峰和1221高地，彻底截断了新兴里到下碣隅里的公路。当晚，美军三十一团卫生连从后浦前往

新兴里，结果遭到我团伏击，除四五人逃回后浦外，这个卫生连几乎全军覆没。第二天一早，附近美军出动十六辆坦克，并且在三十架飞机的掩护下向北攻击，企图打通与新兴里的联系，美军猛攻1221高地及附近高地。守备该高地的我们团早有准备，在高地东南的公路上利用废弃铁路的枕木与美军被击毁的车辆设置了多重路障，用手雷摧毁了敌人四辆坦克，使其后续坦克不敢再进。双方对峙到黄昏后，美军害怕夜战，只好撤走，我们团胜利完成阻击任务。据说，敌人三十一团团长麦克莱恩在随后的29日被八十师的二四〇团击毙。新兴里战斗初战告捷。

30日晚，我志愿军第二十七军第八十师、第八十一师的二四一团、二四二团，经过准备以后对新兴里之敌发起总攻击，决心彻底消灭敌人！当晚大雪纷飞，气温继续下降，室外气温已达零下四十摄氏度。志愿军冻伤人数大为增加，但仍于23时以四个团的兵力发起了猛攻，战至拂晓，与敌展开逐屋争夺。敌人支撑不住了，开始在飞机的掩护下突围，好不容易突围出来向下碣隅里方向逃跑，结果遭到我团三营从1221高地射来的密集火力的拦截，临时指挥官费斯在战斗中被手榴弹炸死。随后敌人彻底溃散，分散奔逃，其残部在后浦以北地区被我所在的一营迎头截住，经过一夜激战至12月2日凌晨尽数消灭。我营总计击毙美军三百多人，俘虏美军一百一十人。至此，新兴里地区的美军第七步兵师三十一团、三十二团一营及第五十七炮兵营被我二十七军歼灭。这一战斗，创造了志愿军完全彻底歼灭美军一个加强团的范例，在朝鲜战场上这也是唯一的战例。

在战斗中，我和战友们并肩作战，不知道什么叫害怕。我连伤亡很大，每一场战斗下来都有很多战友牺牲，受伤的、冻伤的就更多了，需要尽快转移治疗，我不顾冻伤的脚，强忍着剧痛，坚持一瘸一拐地抬伤员，并把自己的棉被拿出来盖在伤员身上，为此受到部队嘉奖，荣立三等功。

参加第五次战役

第五次战役是1951年4月22日至6月10日，中国人民志愿军和朝鲜人民军为挫败以美国为首的“联合国军”及其指挥的南朝鲜军从侧后登陆配合正面进攻的企图，在“三八线”南北地区进行的大规模反击战。战役第一阶段主要在西线作战，从4月22日起至29日结束，歼敌两万零三百余人。在简短的战役调整后，志愿军根据“联合国军”战线已呈现出由西南伸向东北的斜线态势，东线南朝鲜军六个师位置暴露、突出，遂决定以第三、第九两个兵团，在第三十九军的掩护下隐蔽东移，进抵春川至麟蹄地区，在人民军三个军团的配合下，以歼灭东线突入县里地区之南朝鲜军为目标；而以第十九兵团在西线佯攻，牵制美军。中朝军队于5月16日黄昏，在东线发起战役第二阶段作战。志愿军第九兵团三个军和人民军三个军团，采取两翼迂回和分割围歼的战法，直插县里以南地区。二十七军属于第九兵团，担任迂回穿插任务，而我所在的八十一师二四二团又在穿插中打头阵，二营在前，我们紧跟其后，目标是县里地方的砧桥，战略目的是切断南朝鲜军退路，形成包围圈。我们从南朝鲜军第五、第七师的接合部攻入，向砧桥猛插。途经大小战斗十几次，打破南朝鲜军的重重阻拦，圆满完成艰巨的穿插任务。

在行军途中，我目睹了二四二团团长丁亚的果断指挥情形，钦佩他敏锐的判断力和超凡的指挥才能，我想他这种素质可能正是后来几天我们团被敌人包围后仍能突出重围的重要原因之一。记得深夜里部队行进在一条山路上，后面传来丁团长的口令："停止前进！"口令传到前面带队的参谋长那里，参谋长疑惑不解："火急地前进着，怎能停止？"于是后传口令问："谁让停止的？"口令又一次传回来："丁亚。"参谋长急忙赶过来问团长是怎么回事。团长丁亚令人用雨衣罩住他二人，打开手电查看地图，发现此路是一条小路，通向前方是一座在图上有火柴棒高的山。那可是一座不矮的山啊，部队若翻越此山，恐怕一夜也难爬过去，哪里能完成穿插任务？因此，丁亚建议部队返回大路前进。但大路有敌人的阻击怎么办？丁亚斩钉截铁地说："边打边前进！"果然，在行进中，不断有敌人阻击，但丁团长命令部队，击退敌人后即迅速穿过，不要恋战。有一个事例记忆很深，路过一处房屋时，向导往里一看，满屋子敌人在说笑，丁团长说，别理他，悄悄越过去，由别人收拾他们！

就这样，我们一路打一路跑，一夜奔袭一百二十里，比预定时间提前十分钟到达砧桥。我军勇猛穿插迂回，迅速突入南朝鲜军防御纵深，造成歼敌有利态势，对保障中朝人民军队主力在县里地区作战起到了重要作用。随后，我八十一师和第六十师在所控制的要点附近，截歼溃逃的南朝鲜军，并在上南里一带会攻其第五、第七师余部，全歼敌人五个营，共三千余人，取得了很大的胜利。

但是，由于我军深入敌区，后勤供应不上，所携带粮食也只够七天之用，无法持久作战。为争取主力集结休整，总结作战经验，形成以后有利态势，决定主力北移"三八线"南北地区。为掩护主力转移，各兵团留一个师至一个军的兵力，进行运动防御，迟滞敌人前进。我二十七军的八十一师由于突入敌后纵深，随即承担了掩护主力转移的艰巨的任务。从5月23日早晨开始，"联合国军"实施全线反扑。24日至27日，第二十七军主力在麟蹄、县里地区展开，英勇抗击美军第二师、空降第一八七团、南朝鲜军第五师的进攻。首当其冲的还是我八十一师。敌军以摩托化步兵、炮兵、坦克组成的"特遣队"为先导，在航空兵的掩护下，沿洪川至麟蹄公路快速向北推进，很快对我师形成了包围态势。打了几年的仗，我还是第一次见到这样的阵势，只见敌人的坦克沿公路向北开进，而敌人的步兵也沿着山路大踏步向北推进着。我师有被敌人吃掉的危险，情况万分危急！那一天，营长命令我连坚守一处高地两个小时，以掩护师部、团部、伤员转移。我班这时还剩下五个人了，我是班长，连指导员分配给我们的任务是守住一个山包。我把兵力做了安排，由我带领两名战士守在前沿阵地，三人间隔一百米左右分布开，派副班长带领一名战士到山顶守着，作为第二道防线。谁知副班长他们走到山麓就和敌人相遇，他一梭子子弹打过去，跃进了山里，而那名战士被敌人抓了去。我们三人在山上守着，哪里上来敌人就朝哪里开枪，我的卡宾枪护手盖都被敌

人的子弹打掉了，几乎不能再用。这一天，我连一排在西面山坡阻击敌人，一个排都打没了，东面山坡上的二排也打没了。看来，敌人的主攻方向不在我这边，不然凭我班单薄的兵力定会遇到大麻烦。

由于伤员太多，虽然师长以下所有干部战士一齐抬伤员，但转移速度还是太慢，而我们三人饿着肚子坚守阵地已经快一天了。下午，曾经来了一个排的兵力接替我们，但不一会儿他们又被调走了，剩下我们孤零零三个人，接不到任何命令。太阳偏西了，我看着山路上不断向北开进的美军，又望见远处已经拔营转移的营部，对他们二人说："我们也撤吧。"可是这时候还能往哪里撤啊，所有山口都有敌人机枪把守着，出山的路没有了。看来得另想办法！我和他们二人合计了一下，决定趁着刮山风，伪装后从半山腰绕到敌人跟前，再设法穿过去。办法是，先一个一个跨到对面的独立屋，再蹚过小河冲上公路，最终跟上营部。于是，我们用山上的藤条缠在身上，再插上些小树枝，这样伪装后慢慢溜到距离山口五十米处，然后解下身上的伪装，做好冲出敌人封锁线的准备。我叫老郭第一个先跑，敌人枪响了，但没打着，老郭跨向了独立屋，然后是小孙跑，我作为班长是最后一个跑下来的，就这样我们三人居然冒着敌人的枪弹侥幸闯了过来，集合在敌人打不到的屋子后面！之后涉水过河，跟上了一营。我向一营石营长报告我们回来了，他问回来了几个。我说回来了三个，他叹了口气说："三个也很好，三连算是完了……"我们每人弄了一把煮过的豆子塞到嘴里，这算是一天来吃的第一顿饭。因为三连打没了，我们被编到二连四班，全班十二人，我仍然担任班长。

不一会儿，我们三个刚下火线的战士又被抽出来接受新任务——炸掉正进攻我师的敌人四辆坦克。这次我是抱着必死的决心炸坦克的。你想，单凭每人两颗手雷在一马平川的收割后的稻田里去炸公路上的坦克，那还能回来吗？但军令如山，任务下达就得执行！选择我们三个去执行炸坦克任务，是领导看中我们作战有经验，这是领导对我们的信任！我们跟着石营长来到田边的屋子旁，远望着敌人咕噜咕噜开进的坦克，研究如何在两侧机枪掩护下靠近它们，把反坦克手雷扔上去。我一边轻装，一边坚定地对石营长说："保证完成任务，死也要把敌人坦克炸掉！"人不要命的时候，就什么也不怕了，此时一心想的就是如何把手雷打到敌人坦克上。嗨，也是我命不该绝，就在我们要动身的时候，团里派来了三个人，带来了坦克的克星——火箭筒！这下大家兴奋起来，石营长对那个炮手说："你第一炮打掉前面的那辆，第二炮打掉最后那辆，最后打中间的两辆，你打好了我给你请一等功！"果然，他不负众望，按照营长说的一一办到了！只见他第一炮就打掉了走在前面的坦克，第二炮又打掉了最后一辆，剩下的两辆动弹不了了，因为这条公路是劈山修建的，一边靠山，一边是陡坡，前后坦克一坏，中间的两辆就成了瓮中之鳖，又是几炮打过去，敌人四辆坦克全部报销！后来才知道这个炮手叫骆家奎，山东郯城县人，是二十七军八十一师二四一团三营机炮连班长，因为在这次战斗中发射七发火箭弹连续击毁敌人四辆坦克，荣立一等功，获二

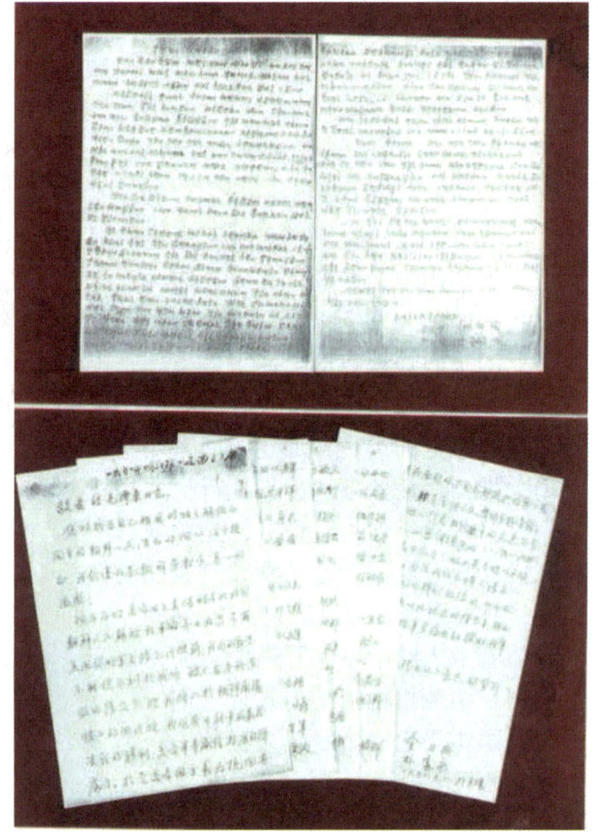

1950 年 10 月 1 日，朝鲜党和政府领导人金日成、朴宪永紧急致函毛泽东主席，请求中国出兵援助朝鲜

中国各界群众举行声讨美国侵略罪行、支持抗美援朝的示威游行

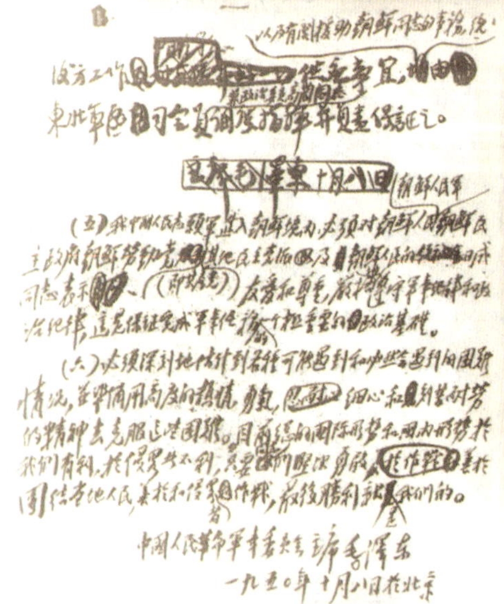

1950 年 10 月 8 日，中国人民革命军事委员会主席毛泽东发布组成中国人民志愿军命令

级战斗英雄称号，并获朝鲜二级战士荣誉勋章。

坦克打完了，我们跟着营长又回到二连。傍晚时分，营里派我们班到西南部的山上站岗，我带领大家到了山上布开放哨。不大一会儿，听见山下有敌人呜里哇啦的叫喊声，我朝下一梭子打下去，没动静啦。半夜时分，通信员跑来下达命令："老颜，敌人上来了，快撤！"急忙集合大家跑下山。下山一看，部队已经北撤了，接下来就是一夜急行军，后面敌人的大炮追着我们一个劲地打，我们冒着炮火一夜突出了包围圈。我们八十一师的突围获得了成功！我因在行军和阻击战中组织得当、战斗勇敢，荣立三等功。

几次命悬一线的经历

我这条命真是从战场上捡回来的，同我死去的无数战友相比，我是幸运的。我父亲一生吃斋念佛，他信命也会算命，在我小时候他就说我命硬，后来想想我真是个命硬的人！

危险的事情发生过多次，每次都命悬一线，但每次都化险为夷。前面提到过两次，一是从山口敌人的枪口下冲出来跑回营部报到，二是带领战士准备用手雷炸坦克幸而被火箭筒炮手骆家奎替下来。还有两次悬的值得单独一提。

前面说过，在5月16日夜间穿插时，途经大小战斗十几次，就在凌晨我们快到达砧桥的时候，在我班前方忽然嗒嗒地响起了机枪声，我定睛一看，有一敌人正驾着机枪朝我们扫射！这家伙很狡猾，我们卧倒，他就停止射击，我们爬起来前进，他又开枪。情急之下，我一个箭步跳上去，一脚把那个家伙踢翻在地，夺过机枪！敌人被惊呆了，赶紧举起双手跪地，连连求饶，还从口袋里掏出饼干递过来，我立马把他的饼干摔在地上："谁吃你的饼干！"然后押了下去。远处，有两个他的同伴正踉踉跄跄跑向山中树林，我带领几个战士就追。那两个家伙一边跑一边往回打枪，不一会儿就钻到山上的树林去了，我和战士们不敢恋战，准备转身折回，正在这时，"叭"一枪，一颗子弹擦嘴唇而过，我一摸，出血了。好悬啊，再偏一点儿我就没命了！

另一次更悬。那是在1952年进行大规模坑道作业构筑永久性防御阵地时的事。我师作业面大，任务繁重，我在作业完成后还被授予了三等军功。有一次，我带领全班干了一白天，夜里本该下来休息，但为了赶进度，连长叫我们连夜加班，没想到加班救了我一命。夜间，我们正在作业，只听见山洞外面"咚、咚、咚"几声巨响，震得坑道快要塌掉。糟了，出事了！肯定是敌人发觉了我们的营地，夜里派飞机来轰炸了！大家都跑出去救人，但因敌人扔下的不仅有炸弹还有汽油弹，熊熊大火使战士们无法靠近。在帐篷里睡觉的战士被炸死很多，二连的一名家是青岛的战友被炸得只剩一条腿挂在了树上。就在那个白天里，这名三十多岁的战士还接到老家对象要求他回家结婚的信，信还未回，他已经不在了……我的枪、铺盖、衣服、毛巾等所有物品全被炸毁并烧了个精光，但我的命保住了。哎，想起来都叫人后怕。

（本文选自中国共产党新闻网）

怀念我的父亲王尚德烈士

文/王 铁

王尚德烈士

我的父亲王尚德烈士，是我党早期党员，山西地区党组织的创建者之一。

我父亲于1891年出生在陕西省渭南县（今渭南市）郭壕村。二十七岁时怀着追求真理的愿望，奔赴武汉，考入武昌中华大学。在此期间，结识了我国无产阶级革命的先驱者董必武、恽代英、萧楚女等，并在五四新文化运动中，参加了恽代英等开设的利群书店、时中书社，出售进步书籍，传播马克思主义，加入了共产主义小组。1922年毕业，受董必武派遣回秦散播红色种子。他呕心沥血，艰苦奋斗，生命不息，战斗不止，不幸于1946年8月13日，惨死于国民党的屠刀下，终年五十五岁。

革命是亿万人的事情，只有踏踏实实唤起民众才行

父亲常说;“搞革命单枪匹马不行。革命是亿万人的事情，只有踏踏实实唤起民众才行。”

父亲从入党那天起，就一刻不忘做发动民众的工作。他从武汉回家乡，就和张浩如、田涵荣集资创办了赤水农业职业学校，扎扎实实地做教育青年的工作。为了克服经费困难，父亲身体力行，组织学生勤工俭学，耕种土地，修建校舍。与此同时，他还组织了平民教育服务团，亲自带领教员深入周围农村，办了十四所农民夜校。宣传革命道理，组织农民协会，建立农民武装，发展党团组织，驱逐反动校长、教育局长，组织十万余众的交农运动，反抗地主阶级，打死劣绅田德全。

在父亲的艰苦努力下，1922 年 9 月，以赤职为根据地成立了社会主义青年团组织，父亲任书记。到 1925 年又发展了华县、渭南、高塘等地的党、团组织。

1928 年渭华暴动中，父亲在刘志丹任主席的西北工农革命军军事委员会任委员。在暴动准备中，他白天上原开会，晚上下原发动民众。在父亲革命精神的影响下，哥哥王允端加入了共产党，当了起义部队的小交通员。起义失败，父亲被敌追过秦岭，在南阳和地下党接上关系，担任鄂豫边特委委员，并以当教员为名，在邓县一小、南阳五中、宛南中学，传播革命道理，发展党团组织。他走到哪里，就把革命的火种引到哪里。

在发动民众为自己的利益斗争时，还要大搞利民事业

1934 年，父亲要从西安返回赤水。一天晚上，我问父亲回去后咋办。他充满信心地说：“还是老办法，扎扎实实做民众工作。在发动民众为自己的利益斗争时，还要大搞利民事业，才能团结民众。”

回到赤水后，他工作更加扎实，除了没日没夜地办学校，组织农民协会传播革命道理外，还把兴办地方公益事业和唤起民众结合起来。他发动党团员带动群众，修埝开渠，扩大水浇地，引水

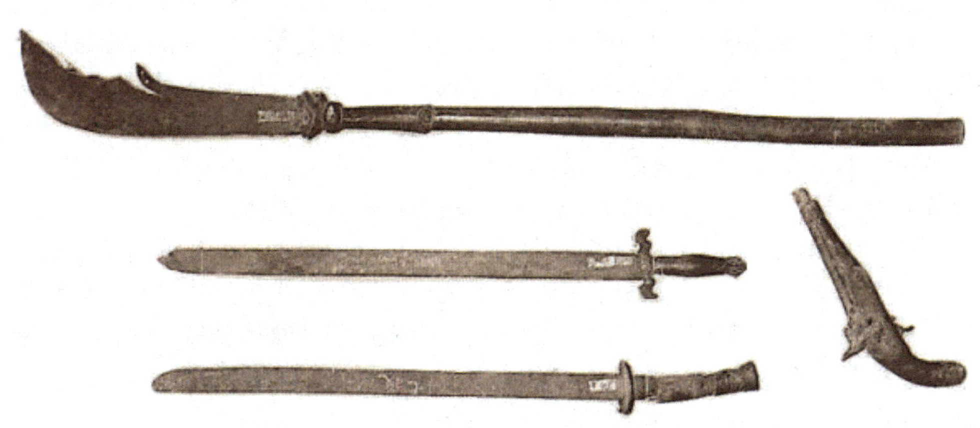

1928 年春渭华起义时用过的武器

上原，使许多民众受益。为了防治水土流失，他热情倡导，亲自筹办了渭华两县造林公司，并发动赤农师生和附近农民在沙河河滩和沙河两岸开展群众性造林，为群众谋利。至今参天大树，片片林木，蔚然尚在。

渭华起义纪念塔

渭南是个产棉花的地方。棉农辛苦一年，经过商人从中盘剥，所得实惠甚少，父亲决心改变这种状况。他发动群众创办了棉运合作社，组织农民轧花、打包、运输，直发上海。棉运社初建时，人们不会使用机器，他就亲自跑上海，通过地下党的关系，学习技术，回来又手把手地教给农民，教给青少年。

在兴办集体公益事业中，父亲利用接触群众的机会，给党团骨干布置任务，组织他们做深入细致地发动民众工作，启发民众革命，并利用这些公益事业，安排和保护党的骨干力量。

1936 年秋，父亲又在赤职的基础上改善办学条件，建立了赤水农业中学（以下简称“赤农”）。

抗日战争全面爆发后，父亲根据省委指示，利用赤农、棉运社、面粉厂等公益事业单位，安置和掩护了许多党的干部，先后接洽安排了党的东路特派员刘庚、宋任远、赵希愚等。同时，又亲自带领赤农的党团员和进步学生，深入农村，宣传党的抗日政策，建立抗日民族统一战线。这时，赤农的党组织有了很大发展，仅二八级六十名学生中就有五十多人入党，党组织将这些同志陆续调出，派往渭南各地进行革命活动。同时，还输送了大批进步青年去延安抗大、安吴青训班。我和哥哥就是这时先后到延安抗大学习的。当日军逼近潼关时，父亲又根据党的指示，以学校学生为基础，吸收群众组织和公益事业中的骨干，进行军事训练，培养抗日军事干部。公益事业促进了组织民众的活动，有利于唤起民众一致抗日，从而使渭南一带很快掀起抗日热潮。

这里是有危险，闹革命就不能怕

正当父亲轰轰烈烈领导渭南一带群众抗日救国时，国民党顽固派制造了皖南事变，包围了陕甘宁边区。在蒋管区里，敌人大肆逮捕共产党员和爱国人士，父亲自然不会被放过。

1941 年 6 月 5 日，他被国民党第一军第一师逮捕。先关押在华县，后解往西安太阳庙街的秘密监狱。这是父亲继南阳被捕后第二次被关押。狠毒的敌特对父亲动不动就是皮鞭、老虎凳。这时，他虽年逾五旬，但却斗志旺盛，毫无惧

色，忍受着一次又一次的严刑拷打，表现了一个共产党人崇高的革命气节。父亲虽身陷囹圄，但仍怀念赤农，设法捎信鼓励教职员工，同心同德，克服困难，保全根据地，培养更多的革命骨干。

1945年8月，父亲在党的关怀下，经各方面进步力量营救出狱。当时许多进步人士都劝他留在西安养病，省委也要他到边区去。他说："赤农那里困难多，我离不开。"又回到赤水。当他一走到校门口，看见三青团的牌子挂在那里，便气愤地随手卸下砸个粉碎，口骂："什么东西，敢在这里胡闹。"

1946年3月，母亲被省委交通接到关中军分区的马栏。汪峰同志当即给我发电，要我看望母亲，劝告父亲到边区。我从延安到马栏后，按省委指示劝通了母亲，并让母亲回去再做父亲的工作。可母亲回去后不久，父亲就给我来信说："我在这儿还可以待下去，党的事业要求能坚守就坚守。赤水一带和赤农的工作这几年不活跃，我不能丢开赤农。这里是有危险，闹革命就不能怕。"就这样，父亲还是不到边区，要坚持在最艰苦、最困难的地方斗争。父亲的这封信，是我们父女俩通的最后一封信。

1946年8月13日，他被万恶的国民党顽固派杀害在赤农外的水渠旁。

春蚕到死丝方尽，蜡炬成灰泪始干。父亲二十五年如一日勤勤恳恳，忠心耿耿，不屈不挠，视死如归地为中国人民的解放事业奋斗到生命的最后一刻。我决心继承老一辈无产阶级革命家的高贵品德，继承父亲的未竟之业，把我的全部精力献给建设社会主义伟大祖国的壮丽事业。

九死不悔英雄胆

文 / 李政文

李维唐（左一）、李继唐（后排中）与叔父李永（前排中）

父亲是名军人，从战争年代的沙场鏖战到和平时期的戍边守疆，从琼崖到粤西，再到广东，戎马倥偬一辈子。

父亲常说："人到老年，怀旧的情感越来越浓厚，好像窖藏的酒，散发着浓烈诱人的醇香。"就是这种怀旧的情感，使父亲从副军级岗位离休后，一直专注于写作。父亲曾发表长篇小说《南岛惊涛》、短篇小说《浴血奋战海岸岭》和回忆录《难忘的追忆》。父亲的作品取材于他数十年戎马倥偬的军旅生涯，他满怀深情地回忆那些在抗日战争和解放战争中牺牲的战友。他提笔著书颂扬那些并肩作战的战友们九死仍不悔的革命精神，为后人留下一段真实的历史。

一、家乡子弟兵

我的父亲李继唐，1924 年出生于海南岛儋县新英镇。父亲十七岁参加琼崖抗日独立总队，在琼崖特委的领导下参加了琼崖抗日战争和海南解放战争。

海南解放后，父亲因工作需要调离海南。但无论父亲走到哪里，都忘不了家乡故土；无论父亲官居何位，都忘不了他踏上军旅生涯的第一支部队——第五中队。

第五中队是儋县党和人民培育的一支抗日武装队伍，这个中队的前身是儋县特务中队，第一任中队长是王怡亭，政治指导员林荫森。后改编为琼崖独立队第四支队第二大队第五中队。第五中队的指战员大多是来自儋县的子弟兵，是一支为了抗日而组建的队伍。这支儋县子弟兵经历过多次激烈战斗，如迈格村战斗、临高罗枕村战斗、儋县山营乡赤坎战斗等。在儋县清平乡西行村战斗后，被编入第四大队的第十中队。1945 年 7 月，在组建挺进支队时，又编进挺进支队第三大队第九中队。之后，他们走出儋县，走向琼崖抗战更广阔的战场，并在战火中发展成一支战斗力很强的部队。无论部队的番号如何改编，但在父亲看来——第五中队依然是儋县的家乡子弟兵。

父亲在八十七岁高龄的时候，写回忆录《难忘的追忆》，书中用大量的笔墨描述第五中队发展的历史，同时讴歌第五中队战友的事迹。在父亲的文字中，我仿佛看到一群热血沸腾的青年，如王怡亭、林荫森、王大洪、符鹤立、唐承尧、符静涛、吴方定、陈富庄等，他们用鲜活的生命谱写了一曲曲青春赞歌。还有许多因为时代久远，父亲已记不住他们的名字，但他们浴血奋战、置生死于度外的大无畏精神仍萦绕在父亲的脑海。

父亲眷恋故土，怀念战友，他在回忆录中写道：虽然岁月流逝，逝者如斯，那些尘封的记忆，当我想起在第五中队的战斗岁月时，我脑海中的迷雾会奇迹般地消散……在这片土地上，留下了我们艰苦战斗的足迹；留下了战友们的坟茔；留下了我们青春时期胜利的欢乐和耕耘。

二、鏖战迈格村

为民保国卫家乡，百战沙场不畏强。
万炮千枪连夜发，三重四叠垒战壕。
飞机轰隆撼旷野，号角呜因惊里厢。
英雄热血洒迈格，日寇尸骸满甸疆。

——李继唐诗

1943 年的迈格之战，是琼纵史上一次著名的战斗，是一场敌我力量悬殊的生死之战，那场战斗敌我力量对比是 10：1。迈格之战被后人誉为"是琼崖独立总队第四支队一次能攻善守的战例”。父亲作为迈格之战的亲历者，目睹了战斗的惨烈。

1943年夏天，正是农历五月初五，琼崖独立总队第四支队第二大队奉命开拔到儋县兴贤乡迈格村。时任第二大队大队长的符志行和政委林荫森带领第四中队、第五中队约一百五十名指战员连夜奔袭，赶在天亮前进入迈格村。那天夜里下起了一场暴雨，磅沱的大雨从漆黑的夜空倾泻而下，暴雨中电闪雷鸣。部队在暴雨中急行军，倾泻的雨水将行军中的战士淋得浑身湿漉漉的，大家一脚深一脚浅地在泥泞中行进。时任第四中队党支部书记的父亲与尖兵班行走在队伍的前面。尖兵班负责探路，漆黑的雨夜使人难以分辨方向，只能借助那一道道闪电的亮光辨别方向。部队终于在夜未央时分，进入迈格村。

部队在经历整整一夜的艰苦跋涉后，指战员们顾不上休息，就立即投入挖堑壕修筑工事。符志行大队长拄着拐杖，一瘸一拐地检查和指导战士们修筑堑壕。他的腿在白南岭伏击战中被日军的炮弹片刮伤，还没有痊愈。符志行大队长向部队强调此场战斗的重要性和必要性。林荫森政委也鼓舞战士们说：“我们经过一夜的长途跋涉，雨打风吹，十分疲劳了，今天还要打一场硬仗，这是对我们每一个人的考验。”指战员们都知道符志行大队长有不寻常的坚强勇敢和善于指挥部队作战的禀赋，因此每名战士都充满信心地做战斗准备，战士们抓紧加固工事，擦拭枪膛和擦干被雨水淋湿的子弹。

清晨的时候，有几个赶墟的青年从村外跑回来，他们一边跑一边大声喊叫：“日军来了！”部队马上在预定的阵地上疏散开来。父亲跳进战壕，把子弹推上膛向日军射击。骤然间四周枪声大作，步枪、轻机枪、弹筒一起吼叫起来。大队部传令兵跑到父亲战壕前，气喘喘地说：“中队长、指导员都被炮弹炸伤了，大队长和政委命令你和王庆荣副中队长到上面指挥战斗。”

父亲跑上了高地，看见王庆荣副中队长手中拿着一簇竹叶遮住头顶，弯着腰在观察敌情。不一会儿，王副中队长小声说：“敌人上来了，大家准备射击。”

此时，又听到符志行大队长小声发命令说：“第四中队暂时不要打枪，不要暴露目标。”

符志行大队长弯着腰，左手举起一簇树叶作伪装，注视着敌人搜索上来的那条山间道路，右手拿着闪亮的驳壳枪。只听见他小声地命令第五中队：“近些……再近些。”

日伪军见没有还击，便直着腰走上山路。

“打！”随着大队长的喊声，第五中队的步枪一起吼叫起来，密集的枪声在山村的田野回响。

走到山间道路的日军急忙丢下尸体溃逃回去。吃了这个亏后，日伪军不敢轻易再上来，他们躲在远处胡乱打枪。步枪、机枪、掷弹筒的声音在田野里翻腾。不久，公路上传来汽车的引擎声，大路上烟尘滚滚。驻中和、王五、新州和那大等地的日军援兵陆续开车赶到。

敌人的增援部队聚集在较远的稻茬地上，向我方阵地猛烈发射掷弹筒，几名战士中弹牺牲了。

符志行大队长命令部队疏散开来，充分利用堑壕掩体做掩护。为了节省弹药，暂时不做还击。

日军以为他们倾泻的炮火把第二大队打垮了，只听见日军指挥官大声喊叫：“托事夜器！托事夜器！”敌人沿着山坡向第四中队的阵地走来。父亲和四中队居高临下，把日军看得清清楚楚。符志行大队长打手势命令机枪班长李桂美和机枪射手符必荣把子弹推上膛，当敌人来到离阵地约二十米时，大队长右手一压：“打！”

符志行近照

父亲和战友们随着大队长的一声“打”，端着枪朝敌人猛烈射击。顷刻间，我方阵地的轻机枪、步枪、手榴弹一起吼叫起来。敌军又丢弃尸骸溃逃。

敌军再次发起进攻前，四周有一阵的宁静。父亲持枪走到第四、第五中队接合的地方，看到有几名战士负了伤。护士林爱莲趁炮火停歇的时机，冲上阵地为伤员包扎。

突然，日军又开炮了。炮声之后，敌军组成三角梯次队形向我方阵地前进。

第五中队长王大洪一边指挥，一边战斗。我军不管是指挥员还是战士都融成一体。这是一场血战，战斗炽热的程度父亲至今历历在目。双方的子弹、炮弹相互穿飞，机枪和步枪交织成密集的火力网。

日军依仗人多，多次组织进攻。开始是散开队形，后来又梯次队形。日伪军反复不断地冲锋，战士们打退了敌人的多次进攻。

战斗从清晨打到午后。忽然听到天空传来雷鸣的轰隆声，飞来了两架飞机。父亲抬头望向天空，飞机飞得很低，可以看见飞机下面有船形的滑板，这是水面上起飞的飞机。飞机的马达声浪几乎把天空震裂。从飞机上射下的子弹将地面的沙土射得四面飞溅。飞机又急剧盘旋爬升……轰隆！飞机投下了炸弹。两个重型炸弹把一大簇老山竹刨了出来，地面上炸出两米多深的大坑。翻起的尘土掩埋了符志行大队长和几名战士，但他们很快就从尘土中钻出。

……

敌机轮番飞来扫射轰炸，迈格村灌满了硝烟，竹林和树木冒着火烟和发光的余烬。

暮色降临了，敌机终于飞离迈格村的上空。

经过一整天的殊死战斗，共击退日军二十多次的进攻，我军伤亡十多人。

夜色降临时，符志行大队长带领部队在迈格村民兵的配合下，趁着天黑，成功突围撤出迈格村。

第二天清晨，部队在归途的晨曦中，看到远处两架敌机再次飞到迈格村的上空扫射轰炸，日军的机枪还在猛烈射击，而且还增加了重炮轰击。父亲和战友们嘲笑说：“日本兵放鞭炮为我们送行！”

迈格战斗后几天，部队从地方党组织获悉消息：日伪军被击毙一百多人，其中有驻长坡镇的日军分遣队长谷川松本八郎；被击伤一百多人。日军此次出动近一千五百人的兵力。

战后，琼崖抗日独立总队部给第二大队长符志行颁发“抗战特别奖章”。

1939年2月10日上午，独立队在南渡江潭口渡口东岸阻击日军。图为潭口阻击战旧址

迈格村战斗后，父亲调到第五中队任政治指导员。父亲在回忆迈格之战时说："迈格之战，我们牺牲了十几位可爱的同志，换来一次历史性的胜利。生命的蜡烛不是为了流泪，而是为了发光。"

三、挺进五指山腹地

1945年7月，经庄田同志和李振亚同志提议，琼崖特委决定将当时已进入白沙根据地的三个大队组建成立挺进支队。建立挺进支队是为了在白沙根据地基础上向五指山腹地扩大根据地的战略需要，由李振亚兼任支队长，符荣鼎任政委，张世英任副支队长，王卓群任政治处主任。

这次组建挺进支队，将原第四支队第一大队改编为挺进支队第三大队。父亲所在的中队随这次改编成为"琼崖抗日独立纵队挺进支队第三大队第九中队"，父亲任职第九中队政治指导员，唐承尧任中队长。

唐承尧是儋县三都镇人（1937年在儋县中学读书时入党，1948年牺牲）。在父亲的记忆中，唐承尧浅褐色清瘦的脸上，有早年书卷气的儒雅，高大的身材带有戎马生涯气质。

1943年夏，唐承尧曾担任第四大队副队长。但在一次伏击战中，因拒绝执行错误的战术，被处分降职。父亲一直为唐承尧打抱不平，但唐承尧却心胸坦荡、毫无怨言地接受处分。

1945年春，琼崖独立纵队三个大队向白沙腹地进军，在合口歼击顽军守备保安二团教导队后，兵分三路向白水港、罗任、南挽挺进。再击溃顽军守备保安二团，直捣红毛、毛阳、毛栈、毛贵和敌后方基地。保二团被击溃兵散之后，

残部分别向乐东、保亭方向逃窜，第三大队大队长王山平命第九中队在毛兴山路设伏，伺机阻击流窜之敌。

第九中队接到设伏命令后，于拂晓之前埋伏在毛兴岭的一条通路中间。天放亮后，国民党白沙县警察局二十多人的部队闯进了第九中队的埋伏圈，毫无作战准备的伪警知道中了埋伏后惊慌混乱，第九中队指战员即采取攻心战术，众人一起大声叫喊“缴枪不杀”，粗犷的喊声在山间回荡，吓得伪警们不敢恋战，乖乖地放下武器投降了。这次设伏，第九中队不费一枪一弹，就缴获了十多支步枪和五千多发子弹，手榴弹四十多枚。

第九中队自受命开辟白沙腹地山营乡根据地，接连几场战斗后，队伍的武器基本换装，原有的四十多支旧式步枪以及损坏的武器全部上缴支队后勤部。第九中队指战员则一律装备中短的七九步枪和石井手榴弹，每人配备整齐充足的子弹和子弹袋，锃亮的各式步枪子弹和木把手榴弹也很充足。此时的第九中队已是装备精良的队伍。

特别值得一提的是，第九中队在毛兴岭设伏的缴获中，还意外缴获国民党政府的密令：“日本帝国向盟军全面投降”的文件，日军投降的消息至此在琼崖独立纵队传开来。

四、意外的缴获

日军投降的消息被证实后，琼崖独立纵队挺进支队接到纵队部的紧急命令，用最快的速度赶往儋县南丰镇。李振亚支队长率部队从白沙县开拔，抄近路进入毛栈、毛贵的高山峻岭，穿越原始森林，爬过崎岖蜿蜒的小径。山间的路径有时笔直狭窄，马都不能通过。挺进支队连续四天急行军后，赶到南丰岭下一带的村庄驻扎下来。当时部队接到的指令是：“遇到日军不要首先打枪，如果日军攻击我们可以还击。等待五人小组来分给武器。”

父亲所在的第九中队在美扶一带的村庄驻扎两个星期之后，日军一支部队从桥头据点撤退下来，大队部即命第九中队占领这个二百多米高的桥头据点。第九中队进驻桥头据点后，部队的生活得到了较好改善。但五人小组何时才能到来？如何接受日军的武器？这些问题暂时都不明朗。

第九中队进驻桥头据点后，战士们在据点内到处搜寻。这次搜寻的结果给第九中队带来巨大的收获。

第九中队有一名战士入伍前是个木匠，当他搜寻到一个隐秘角落的木地板处时，凭着多年的木工经验发现异常，他用脚踢踏地板时听到嘭嘭的响声，他和几名战士用铁锹撬开紧密的地板，发现地板下藏着厚皮纸箱，剥开皮纸，还有一层防湿的油纸，撕开油纸后，所有在场的人都不由眼前一亮：两箱日式的无柄手榴弹和两箱“三八”式枪的子弹。每箱手榴弹有三百颗，每箱子弹有五千发。箱底下还有一个铁皮工具箱，里面有锯、刨、斧、凿等工具。

第九中队立即将情况上报给支队部。经分析估计这是驻扎在桥头据点的日军偷偷留下，准备运出去卖的。这个缴获使第九中队的装备又得到补充。经支队部同意，第九中队可以留下二百颗手榴弹和两千发子弹，其余全部上缴支队部。而工具箱则交给那个会做木工的战士保管。

这次意外缴获之后，有一天，一辆载着二十多名荷枪实弹日军的卡车开到据点前停下来，车上的日军跳下车后用步枪的刺刀拨开堵住据点大门的石马。第九中队守卫在据点门前的加强班的战士立即进入警戒状态，紧接着全中队的指战员进入炮楼和地堡，双方对峙着。此时父亲和中队长唐承尧走到据点的大门前，日军中一个带指挥刀的军官，通过翻译说："这位曹长命令你们迅速撤出据点，这里是皇军驻扎的地方。"

唐承尧在儋县中学读书时就是一名爱好运动的健将，参加部队后受过军事训练。此时他上穿蓝色的中山装，下穿黄色的马裤，腰间扎着一寸宽的腰带，佩带驳壳枪，脸上是骁勇无惧的神采。

唐承尧看了看日本兵端枪的姿势，愤怒地驳斥说："这是我们中国的地方，我们在哪里驻扎你管不着，我命令你们立刻离开，不然我命令部队射击！"

那个日本曹长听到翻译的传话，他蛮横的态度软了下来，打手势叫他的士兵持枪退下。他又通过翻译说了一通话："在据点的地下室里有些危险物品，我们派四个徒手的士兵进去抬出来就走。你们驻扎在危险品上是很危险的。"

父亲和唐承尧会意地相互看了看，果然日军是冲着那几箱手榴弹和子弹来的。父亲他们坚决拒绝日军曹长的要求，唐承尧说："军事要地，不准你们进去，你们赶快走吧！"

日军曹长听了翻译的传话后，气得两眼发白，同时他看到我军进入炮楼的战士身上带着许多日式手榴弹，他明白了他们根本不可能拿走埋藏在地下室的东西。他只好灰溜溜地带着他的士兵开车离开了据点。

父亲和他的战友们通过这个事例得到一个启发：投降了的日本士兵，士气非常低落，只要做好充分的战斗准备，以强硬且有理有力的态度对付他们，是能够把他们镇住的。

五、以假乱真以智拒敌

三国演义的故事中，诸葛亮的空城计令人赞不绝口。父亲亲历的一段往事可与诸葛亮的空城计相媲美。

这段往事与第九中队那个会做木工活的战士有关。这个战士姓王，是儋州东城乡人，参加部队前他是一个手艺很好的木匠。即使到了部队，他的腰上还是挂着一把很锋利的刀，每当部队到了宿营地，他都会东搜西寻地寻找一些废木材，利用这些废木材制作烟斗和拐杖。他常把制作精美的烟斗送给战友们，同志们都亲切地称他"王师傅"。王战士自从得到那个日军留下的工具箱后，他的手艺得到更大的发挥。驻扎在桥头据点的第九中队虽然装备得到很好的改善，但仍缺少机枪和固守据点必备的小钢炮。他对中队的领导说："我要制造两挺轻机枪和两门炮放在哨楼上，吓唬这些日本鬼子！"

二十岁出头的王战士，总是精神饱满，他的手艺是从他的父亲那里学来的。在中队领导面前夸下海口后，他就认真地做起这件事来。他走了十几里地到第七中队去，把第七中队那挺日式轻机枪反复度量，还画了草图。他一有空就到森林里去，采集他认识的楠木和可以雕刻的木材，经过晾干处理就开始制作了。有人揶揄他说："王师傅，你真能造出像样的轻机枪来，我替你站五次岗。"他不理睬别人的嘲笑，仍然埋头制作。不久，他果然制作出两挺"日式轻机枪"和两门带小轮的"钢炮"，只要上了颜色就可以假乱真。这使整个中队包括中队领导干部都对他刮目相看，大家开始支持和称赞他了。中队的司务长想办法从市镇集市买回三罐黑油漆、几张砂纸和刷油漆用的排笔。看到大家对他的支持，王战士高兴极了。他用砂纸精心打磨两挺“轻机枪”和两门“小钢炮”，接着又用黑油漆反复地涂刷这几件“武器”。

终于，大家认为武器可以以假乱真了，战士们将王师傅的精心制作的“武器”抬到据点哨楼上。

一个炎热的上午，有十二辆日军卡车满载日军从那大镇开出来。汽车驶到桥头旁边停了下来，日军身着黄色军装，头戴战斗帽，每个人都携带武器，肩膀上还扛着一个大布包。他们下了车，在公路上排成并列纵队，在公路旁架上枪、炮之后，就熙熙攘攘地往河里走去。这些日军是来河里洗澡的。有两辆履带式的装甲输送车和三辆载满日军的卡车，开到据点前面就停下来，装甲车上的小口径炮和机枪正朝着据点上的哨楼。一个佩戴大佐军衔的日军军官，带四个手持冲锋枪的日军和一个翻译走到据点，他们在设了两重石马的门前站住。第九中队的排哨兵将他们挡在据点的门口。进入戒备状态的第九中队战士身上挂满日式手榴弹，步枪上了刺刀，威风凛凛地站立着，散兵坑里都是我军战士。

父亲和唐承尧迈着缓慢的步子，从容不迫地迎上去。

日军翻译用纯正的海南方言说：“这位日军大队长说，贵军还是撤出据点为好，不然大队长命令他的坦克开炮打掉哨楼，贵军部队会遭受重大伤亡！”

2010 年纪念海南解放 60 周年合影。前排：李继唐（左三）、张仲先（左四）、符志行（左五）、苟在松（左右）、陈永康（左七）

唐承尧的脸上十分镇静，他带着讽刺的微笑说：“你们要是开一炮，我就命令部队开炮摧毁你的装甲车，开枪杀伤你在河里洗澡的部队，然后炸毁这座桥梁！”他一边说着一边用手指着哨楼上伸出来的“机枪”和两门“火炮”。

日本士兵早已看见这两挺“轻机枪”和这两门“火炮”，唐承尧打了个手势，哨楼上的“机枪”和“火炮”指向据点下的装甲车和河里的日军。这位日军大佐向据点周围小心地瞧了瞧，他看见这支部队着装虽然不甚齐整，但这支部队的“装备”却很好，而且士气高昂。相反，投降后的日军士气低落厌战，都想保住性命回家去。这些中国士兵身上挂满手榴弹，显出豪迈决战的气概。于是，这位日军大佐伸出大拇指用蹩脚的中国普通话说：“你的冯白驹，你的土八路，好样的！”他又用日语对翻译说了一通。

翻译转过头对父亲和唐承尧说：“这位大佐请你们把哨楼上的机枪、大炮收进去，不要指向公路和河里的日军，双方没有交战了，不需要用敌对的手段。”

父亲和唐承尧接受了这个请求，唐承尧打了个手势让“机枪、大炮”收回哨楼里。日本大佐看到第九中队接受了他的请求，就带着他的士兵快步跑下去，因为他们也要跳到河里痛快地洗个澡。

此后，父亲和何敦锦政委到挺进支队队部分别向冯白驹司令员和李振亚参谋长汇报工作。当李振亚参谋长听到第九中队用木制“轻机枪和大炮”以假乱真，以智拒敌的过程时，乐得大笑起来。他赞扬说：在一定条件下，对敌军作战时，使用“欺诈”的方法迷惑敌人是必要的。兵不厌诈是兵法常用之术。

而冯白驹司令员听到第九中队用计吓退日军，更是大为称赞，他说：“我们的基层干部能知道用计吓退敌人，这是一个好现象。”接着他用三国演义中张飞大闹长坂桥，吓退曹操百万兵的典故来赞誉第九中队。冯司令员即兴朗诵了《三国演义》典故中的一首诗：“长坂桥头杀气生，横枪立马眼圆睁，一声好似轰雷震，独退曹家百万兵。”

……

1946 年 1 月，挺进支队的各个大队回归原来支队的编制，父亲所在的第九中队改编为：琼崖独立纵队第四支队第二大队第五中队，父亲任第五中队政治指导员。

父亲著写的每部书，我都是第一个读者，我从父亲书写的故事中看到父亲和琼崖纵队前辈们浴血奋战的艰苦岁月，也看到他们大智大勇的智慧。

父亲著书是为了纪念在战争中牺牲的同志。父亲说：“他们把自己的生命融入永无止境的国家和民族的事业之中，他们的革命精神是——鞠躬尽瘁，虽九死未悔。追忆他们高尚光辉的业绩，为了让后人学习他们的精神，把他们的光辉事迹永远彪炳史册，永远光芒万丈，长驻人间！”

虎将刘安元

文/白　雁

刘安元（1927—2001 年），山东省淄博市高青县唐坊区和家店村人。1943 年加入中国共产党，1945 年参加八路军。曾任团政治委员、团长，师政治委员，军副政治委员，总政治部组织部、干部部副部长，广州军区副政治委员，总后勤部、第二炮兵、南京军区政治委员等职。

解放战争中，刘安元北上东北三省、南下海南岛，参加过大大小小无数次战斗。他作战勇敢、指挥果断，在战斗中带领部队冲锋陷阵，敢打敢拼，所在部队被称为“攻坚老虎”。

和平年代，已经晋升为将军的刘安元，心系祖国青藏高原上“生命禁区”的官兵们，他远赴唐古拉慰问，用自己的一言一行温暖着官兵们的心。

日军侵华警醒少年郎，投笔从戎上战场

1927 年 11 月，刘安元出生在山东省高青县唐坊区和家店村一个农民家庭。刘安元自幼母亲去世，由外祖父刘继佩抚养长大。1934 年，外祖父将他送进了村里的小学读书。在学校，刘安元的书法天赋深得老师赏识。

1937 年卢沟桥事变爆发，日军开始全面侵华。10 月，日军侵入山东，12 月占领济南，随后深入山东腹地，刘安元的家乡沦为日伪统治区。村里的小学就地解散，刘安元失学了。1938 年，村里开设私塾，刘安元得以复学。然而，兵荒马乱的年代，私塾断断续续，刘安元的学也上得断断续续。刘安元时而上学，时而帮外祖父种田。

就在刘安元辍学的这一年，八路军山东纵队改编为山东军区，管辖清河、鲁中、鲁南军区等单位。刘安元的家乡被划入清河军区清西军分区。从此，军分区的党员干部便经常走街串巷，深入农村宣传抗战救国思想。军分区的干部吴敬信与刘安元同村，见刘安元既有文化基础又有爱国热情，便利用一切时机向他进行宣传教育，还送给他中共中央党内刊物《共产党人》和毛泽东的《新民主主义论》。刘安元虽然不能一下子看懂这些书刊，但他渐渐对共产党有了正确的认识，在村里成了共产党政策主张的拥护者和宣传者。

1943 年，清西军分区地方组织在和家店村广泛吸收爱国青年，成立青年抗日救国会（以下简称“青救会”）的群众组织。刘安元毅然报名参加了这个抗日组织。在青救会，通过参与和组织群众反“扫荡”、反“蚕食”等一系列抗日活动，刘安元得到了锻炼，很快成为骨干，并担任了青救会主任。同年 11 月，年仅十六岁的刘安元加入了中国共产党，后任村党支部书记。

虎将刘安元

1944年1月，清西军分区改为渤海军区，刘安元继续带领青救会进行抗日活动，配合八路军作战。1945年初，渤海军区全面掀起大参军运动，刘安元积极进行宣传，并带领三十多名热血青年加入了山东军区第七师第二十团。他被安排到第一营担任书记，随部队参加了抗日战争。

参加四平保卫战，弹片击中全身十多处

1945年8月，抗战胜利。9月中旬，山东军区司令员兼政治委员罗荣桓、副政治委员黎玉给渤海军区发电，命令第七师师长杨国夫、政治部主任徐斌洲率领第七师的三个团挺进东北。由于保密需要，部队行动并未对外公布，对内也只说上大城市接收新式武器。

1945年11月3日，第七师抵达山海关。此后，刘安元所在的五十九团参加了一系列战斗，并于1946年4月参加了著名的四平保卫战。当时，国民党东北保安司令长官杜聿明纠集大批精锐部队沿中长铁路向北推进，声称："不拿下四平不停止战争。"4月23日，第七师奉命到达四平西北的三道林子，与兄弟部队一道守备该地。经第七师指战员一连数天的顽强阻击，国民党军被打得焦头烂额、锐气大挫。一直在第五十九团第一营营部当书记的刘安元主动找到营长、教导员请战，坚决要求到一线连队去，参加保卫四平的战斗。正好连队需要补充干部，营领导当即答应了刘安元的要求。

5月中旬，刘安元被调到第五十九团第一连任文化教员。这时，国民党为打破对峙局面，从关内抽调部队到达四平，使四平前线的国民党军增至十个师。5月15日，国民党军依仗空中和地面优势实施轮番轰炸，整个四平前线顿时陷入一片火海之中。随后，国民党军如潮水般向三道林子阵地涌来。负责防御三道林子阵地的第五十九团指战员奋力还击，打退国民党军一次次进攻。

刘安元带领一个战斗小组，潜伏在第一连前哨阵地堑壕里越打越勇，手榴弹不断在国民党军中开花。突然，"轰隆"一声巨响，一枚手榴弹在刘安元附近战壕里爆炸。刘安元顿时全身鲜血直冒，他只说了一句"狠狠打"，瞬间就昏了过去。战友们赶紧将刘安元背到后方医院救治。

在后方医院，医生检查发现，刘安元身上十多处被弹片击中。经过长时间的手术，医生将较大的弹片都取了出来。然而，由于医疗条件有限，嵌入刘安元肺部和腿上的多处弹片没能拿出，此后一直伴随着他。在养伤期间，刘安元忍着伤痛帮助其他伤员做了大量的思想工作，被评为模范休养员。

四平保卫战中，第五十九团指战员奋勇作战，重创装备精良的国民党军。刘安元因作战勇敢，被记大功一次。

强渡琼州海峡，木帆船打败洋军舰

东北解放后，刘安元随部队入关，参加了平津战役，随后挥戈南下，进入两广，先后参加了广州战役、粤桂边围歼战等战役。

1950 年，刘安元所在部队到达雷州半岛南端一个小海湾，准备强渡琼州海峡，解放海南岛。渡海前，上级决定组建护航队专门对付敌人的军舰。在营党委会议上，时任一二八师三八三团二营副教导员的刘安元主动请缨，坚决要求担负护航打军舰的任务。参加会议的师政委相炜当场代表师党委批准他担任护航队长这个重任。

1992 年 7 月，参加“东风四号”实弹发射时留影

经过全营比武大会，刘安元挑选出来一批精干勇敢的指战员，分别编入由五艘木帆船组成的护航队。每艘船上配有火炮、重机枪。为了使火炮稳固在木船上，刘安元组织大家用麻袋装上沙子，垫实火炮底架，练习海上射击。

4 月 16 日晚，四十三军、四十军主力船队悄无声息地集结，海南战役总攻拉开序幕。按规定，护航队比主力部队提前三十分钟起航。19 时整，刘安元下达了起航命令。

护航队到琼州海峡中流时，战士们发现左前方有三艘军舰，正向四十三军主力船队扑来。护航队队长刘安元立即命护航队成扇形，像五把利剑向敌舰射去。与此同时，护航船上的战防炮、山炮、机枪一齐向敌开火。敌舰还没观察清楚，就陷入护航队的包围。惊慌失措中胡乱开了几炮，就转头向东逃去。

过了二十分钟左右，不甘心的敌舰又从另一方向直冲而来，猛烈向我方开炮。此时，由于东北风停了，护航队的木船失去动力放慢了速度。敌人加紧猛射，炮弹接二连三地打在护航队周围。

为了打破敌舰妄想插进我主力船队的企图，刘安元命令船员划桨迎战敌人。于是护航队员抄起木板、铁锹、枪托，将凡是能划水的东西一齐伸入海里，木船又飞似的向敌舰冲去。行进中，五条护航船摆成了半圆形，一齐向敌舰开火。火光闪闪，炮声隆隆，小木船灵活自如，

1988年7月，在唐古拉山口留影

在敌舰火力死角左冲右突，让敌舰无可奈何。终于，敌舰被打退了。

护航“土舰队”与敌舰激战了一个通宵，在主力船队侧翼往返十多次，圆满完成护航任务，使主力舰队顺利登上海南岛。参加护航队的全体同志，每人记一等功，个别记二等功，还有两名炮班长被记三等功。作为优秀指挥员，护航队长刘安元经军党委批准荣立二等功。

爱兵如子，花甲之年勇登唐古拉山

1987年初，刘安元调任总后勤部担任政委。1988年初，初来总后的刘安元看到一份来自青藏兵站部的材料：“长期在青藏线工作的部队官兵体质明显下降。最近，我部队驻守在4200米以上的官兵查体3334人次，血压异常占57.8%，心脏阳性体征占59%……”刘安元的眼睛湿润了，他向总后勤部党委提出，带工作组去看望青藏兵站部。

刘安元的青藏之行遭到了医生的强烈反对，因为他有高血压和动脉硬化。到了青藏高原，一旦病发，后果很难预料。许多老干部也劝他不要冒险。刘安元却没改变决定，“我心里记挂着常年生活在高原的官兵，管不了那么多了”。

事出偶然的是，就在刘安元出发的前一天，他被检查出患有急性疱疹性角膜炎，必须立即住院治疗。眼科专家告诉刘安元，他的角膜周围出现一串串微小的水泡，一旦水泡破裂，将严重损伤视力，甚至失明。刘安元听了，只是淡淡叮嘱工作人员和医生，不要向外界透露他的病情，他还特别叮嘱，千万不能向他的夫人于维芝透露病情。

刘安元按计划出发了。一路向西，刚到西宁，他就有明显的高原反应。随行者和兵站部的领导、医生劝他，就在机关和海拔较低的地方转转，别去唐古拉等高海拔地区了。刘安元却坚持要去看看生活在“生命禁区”的官兵们，他指着一旁的青藏兵站部政委说：“不管冒多大险，只要有战士住的地方，你们都得让我去，一个也不能少。”

就这样，从6月19日到青藏兵站部，到7月初离开，刘安元的足迹遍布四千里青藏线，到了沿线的每一个兵站，还登上了海拔5231米的唐古拉山口，为部队解决了大量的生活问题，如吃水、制氧、住房等。他的音容笑貌深深地镌刻在了兵站部官兵的心中。

回到北京后，刘安元向中央军委建议大力宣传青藏兵站部官兵特别能吃苦、特别能战斗、特别能忍耐的“三特”精神。后来，青藏兵站部被授予“高原模范政治部”的称号。

（本文选自《现代快报》）

红色特工胡仁奎

文/何　奇

红色特工胡仁奎

胡仁奎，字梅亭，1901年出生于山西省定襄县蒋村一个小商业资本兼小地主的家里。1919年中学毕业后，胡仁奎在本县第二高小任教。其间，他联络十几个同学成立了“共勉学社”，从上海购买新书，彼此传阅。假期，在北京上大学的同乡给他带来《共产党宣言》等书，他开始接触科学社会主义的思想。1925年夏，胡仁奎考入北大，又研读了一些马列主义的书。1926年秋，胡仁奎加入了中国共产党。

1927年暑假，胡仁奎回乡探亲，因阎奉军阀混战，交通阻断，他未能按时返校。1928年夏，当他返回北平时，领导他的同志已不知去向。

他与党失去了组织关系，可一天也没有停止革命。他参加了党组织的“教联”“左联”等活动；1931年夏，殷鉴、薄一波等同志被捕，他给狱里的同志送饭送钱；九一八事变后，他加入了北大学生南下示威团；1932年北大毕业后，他先后在西安高中、运城二师、临汾六中、青岛文德女中、北平五三中学任教。每次任教均由“教联”“左联”的同志介绍，每次退职又都是因参加革命活动引起学校忌讳而离开。

1936年，安子文出狱后担任了中共北平市委组织部部长。其住处对很多党内同志保密，而胡仁奎却可以随意出入。当胡仁奎提出希望解决组织问题时，安子文说：“你现在的工作面很广，对党帮助很大，如果恢复了组织关系，反而会把工作面缩小，你自己也会慎行少交，丢掉许多工作，你还是站在党外做工作对党更有好处。”

七七事变后，胡仁奎从北平回到太原，参加了公开的抗日救国活动。1937年8月20日前后，胡熙庵转来党的通知，要求他写个自传，说是中共中央北方局考虑恢复他的组织关系。过了几天，彭真同志同胡仁奎谈了话，正式恢复了他的组织关系。在自传中，胡仁奎用两句诗表述了自己当时的心情：“十年幽灵未远离，今朝得机魂复归。”

1937年9月，胡仁奎随薄一波带领的决死一纵队到达五台山地区，配合八路军开展敌后游击战争。在薄一波同志的推动下，10月9日，山西省政府委任胡仁奎为盂县县长。10月下旬，省政府又委任他为第一政治区（晋东北）第一行政区行政指导员，负责指导盂县、平定、寿阳、榆次、昔阳五县的抗日工作。

这时，国民党大批部队溃退南逃，八路军则活跃于晋东北和冀西广大抗日前线。11月中旬，胡仁奎给第一政治区主任宋劭文写信，建议宋劭文与军区司令员聂荣臻同志商议，把正太铁路北、京汉铁路西、同蒲铁路东的晋冀两省各县组织起来，成立一个统一的抗日政府。几天后，胡仁奎调回政治公署。宋劭文告诉他，党中央已指示成立晋察冀边区政府，并已组成边区政府筹委会。宋劭文还说，他曾给阎锡山发去电报，说成立边区政府对坚持抗战有利，要求批准。阎锡山回电说：“河北省境内不管哪里的县长离职了，宋劭文均可径自委派县长。”但对成立边区政府一事却只字未提。胡仁奎对宋劭文说：“不是边区政府委员中将有三个牺盟会员吗？你可以及早告知阎锡山，并说此外还有刘奠基、胡仁奎，都是山西人，九个委员中靠在他这一边的可以有五人，而宋劭文是主任，能够掌握得住。这样，他就会热心起来的。”于是，宋劭文又给阎锡山打了电报，不久就得到了阎锡山的同意。

1938年1月15日，晋察冀边区军政民代表大会选举成立了晋察冀边区行政委员会，宋劭文为主任委员，胡仁奎为副主任委员，分管民政处，兼银行监督。当时，这个地区的绝大多数群众曾是纸币频频贬值的受害者，对货币的作用非常敏感。胡仁奎生怕小不忍则乱大谋，经过精心研究，他提出了三条建议：一是坚持边币发行量少于准备金；二是发行边币实行无限兑现，来多少兑多少；三是教育所有公立企业在交易中欢迎收用边币。经过半年多的努力，边币赢得了信誉，成为一种通用钞票，群众称为抗日票。当时流传着这样一种说法：“要抗日就用抗日票（边币），要逃跑就用逃跑票（法币）。”

1938年9月21日，阎锡山打来电报说：“兹奉蒋委员长鄂齐办四电，晋察冀边区行政委员会主任委员及副主任委

员应当加入本党。”胡仁奎想：天下真有怪事，还有下命令强迫人入党的！他请示我党组织后参加了国民党，挂上了国民党党员的牌子。当时，阎锡山还发来一封电报，要边区行政委员会主任委员宋劭文向他汇报工作。分局决定让胡仁奎代替宋劭文去汇报。胡仁奎绕道晋西北，于 1939 年 2 月到达陕西省宜川县秋林镇。同行的还有晋察冀边区行政委员会委员、国民党员刘奠基，他是到后方参加国民党山西省党部会议的。

当时，阎锡山正准备召开军政民高级干部会议（即“秋林会议”），他对胡仁奎说：“你不要汇报了，等着参加会议吧！”会议期间，阎锡山驻重庆的首席代表赵丕廉听了晋察冀边区敌后军民抗战的许多动人事迹，返重庆后向蒋介石作了汇报。蒋介石命赵丕廉给阎锡山去电，要胡仁奎、刘奠基赴重庆一趟。胡仁奎当即与薄一波同志分析：晋察冀几十个县都在八路军手里，蒋介石于 1938 年 11 月委任鹿钟麟任河北省政府主席，妄图向边区政府夺权。在这个时候，蒋介石邀请他们去重庆，肯定有阴谋，去了对我党不利。他们也分析了阎锡山的心理，认为阎锡山一方面反动本质不变，而且正阴谋向新军夺权；另一方面又怕蒋介石扩充地盘，心里也不乐意胡仁奎、刘奠基与蒋介石直接发生关系。

于是，胡仁奎对阎锡山说：“我是来向阎司令长官述职的，没有接受去重庆的任务；长官讲过，委员长要取消边区，是长官硬着头皮顶住的；如果委员长要我们回前方取消边区，我将如何见长官和边区人民呢？”阎锡山说：“那你是不想去吧，可是如何向委员长交代呢？”胡仁奎说：“我们立刻上路回边区，你就说我们已经走了。”阎锡山听了很高兴，说：“好，好，如何回复委员长，我想办法吧！不去，就是不去。”

第二天早晨，胡仁奎等正要动身回边区时，突然接到阎锡山的紧急电话，叫他和刘奠基立即去见他。一进门，阎锡山就把蒋介石亲自打来的电报交给胡仁奎、刘奠基。电报说：“关于冀省政权问题，可否请刘定庵（即刘奠基）、胡仁奎两兄来渝一趟。”阎锡山说：“这是委员长手启电报，称兄道弟，他已经不是委员长了，你们不能不去了，请你们安排行装，不日动身，我派化之同你们一块去。”胡仁奎再次提出昨天的难题，阎锡山说：“如果委员长提出取消边区，你把它推到我身上，让他和我商量。”阎锡山发觉“商量”二字用得欠妥，又改口说：“不是，不是，是请委员长征求我的意见。”

胡仁奎与薄一波商量后，都感到不能不去了。在向八路军驻二战区办事处主任王世英汇报请示后，他决定去重庆。

5 月下旬，胡仁奎、刘奠基、梁化之等人抵达重庆。第三天，蒋介石请他们吃饭时说：“你们前方办了很多训练班，办得很好，我这里也办了一个，请你们去看看。”梁化之心领神会，说：“我们这次来，就是要到中央训练团受训的。”于是，他们进了中央训练团。

一天，他们三人到曾家岩八路军驻渝办事处拜访。当时，周恩来回延安，办事处由董必武、叶剑英负责。他们刚坐下没说几句话就响起了防空警报，便一齐向防空洞走去。叶剑英走在后边，胡仁奎也有意跟在后面走；叶剑英拍了拍胡仁奎的肩膀，低声说：“我们已接到中央的电报，中央已告知谁是同志，谁不是同志。”胡仁奎听了非常高兴，身在虎穴，与党取得了联系，倍感温暖。

有一次蒋介石接见，要他们提出个改进河北省党政的方案来。难题果然出现在面前。刘奠基先起草了个方案，建议把冀中几十个县划归河北省政府管辖。胡仁奎看了说：“你怎么把冀中区给了河北省政府？这是你我能解决的问题吗？你这么办，回去怎么向晋察冀三省父老交代？”他提议找梁化之商量。胡仁奎对梁化之说：“你看怎么办？这个问题应在抗日胜利后解决，应征求阎司令长官的意见。”梁化之表示同意。就这样，他利用蒋阎之间的矛盾，保卫了晋察冀边区的统一，制止了分割。

一个难题刚过，又一个更大的难题出现了。一天晚上，刘奠基从外边回来，对胡仁奎说，国民党中央组织部部长朱家骅要刘奠基担任国民党山西省党部委员兼晋东北党务指导员；要胡仁奎担任河北省党部委员兼冀西党务指导员，并说还要派几个特务和两部电台，分别跟他们一起到边区。这可把胡仁奎难坏了。他推托说：“我是个新党员，是个教书匠，怎么能做党部委员？”刘奠基说：“我说你也搞不了，可是朱先生一定要你干呢？”这天夜里，胡仁奎辗转反侧，反复琢磨，怎么向党请示呢？他想到了在西南联大任教授的张友渔是共产党员，过去在北平白区工作时他们就是老朋友。于是，第二天一早他就找到张友渔，请他赶快到“里边（八路军驻渝办事处）”请示。两三天后，张友渔和他说，见到叶剑英同志了。剑英同志说，现在国民党暗地已派特务到边区，与其暗派不如明带。这个职务你一定要应承下来，给你什么官，就接受什么官，让你带电台，你就带。于是，当刘奠基再和他谈这个问题时，他说：“我干不了，不过朱先生一定要我干，我有什么办法呢？”就这样，胡仁奎又挂上了“国民党特务”的牌子。

8 月中旬，他们离开重庆回晋察冀边区时，蒋介石派人送行，还送给每人两千元。

当胡仁奎离开重庆时，东北救亡协会的车向忱对他说，你到成都有什么困难，可找中苏文化协会会长车耀先。车向忱还给胡仁奎写了封介绍信。胡仁奎到成都后，住在民生饭店。车耀先在青年会专门组织了报告会。会上，胡仁奎介绍了在敌后如何与敌人进行经济斗争，如何开展银行工作。晚上，车耀先又邀请他们在努力餐馆聚餐，边吃边谈，气氛十分融洽。在这里，胡仁奎遇到一位天真热情的女青年，就是后来跟他结为伴侣的李伦同志。

当时，李伦正在考虑是上学还是再去延安。那天听了胡仁奎在青年会上的讲话，又参加了晚上的聚餐会，对在前线抗日的同志十分敬重，把胡仁奎当作抗日英雄。有一次，她听胡仁奎对别人说他爱人去世了，留下四个孩子，最小的五岁，最大的十四岁，无人照料。李伦想：人家在前方抗日，孩子没有人照顾，也是很作难的。在最后一次拜访胡仁奎时，她给他看了毛泽东给她的信，提出能不能带她一块到晋察冀边区，参加前方抗战？胡仁奎也想，如果有这样一位政治上能和自己走一条路的女子结为伴侣，也是件好事。但由于时间仓促，未能深谈，没有同行。

二人通过书信来往，他们约定在西安或秋林见面。1939 年 10 月，他们在秋林相会了。

12月中旬，他们准备动身返回晋察冀边区，在收拾东西时，李伦发现胡仁奎有国民党中央训练团的结业证书及孔祥熙、陈诚等国民党要人的讲话、蒋介石请他吃饭的请柬，等等。她惊奇地说："哟！这是怎么搞的，尽是国民党的东西？"胡仁奎说："你还不知道我是国民党员？"她说："你怎么是国民党啊！"急得哭了，"这怎么对得起毛主席！"胡仁奎也很为难，说："我告诉你，我一向什么党派也没有参加，是个教书匠，因为抗战我才参加国民党的。"又说，"你不是和延安的领导有来往吗？这次路过延安，你可以把情况给延安讲，你要求进步，我绝不拖你的后腿。"李伦很苦恼，心想到延安后给毛主席汇报，看毛主席怎么讲吧。

路经洛阳时，他们同国民党从西安派来的特务会合了。胡仁奎告诉李伦："他们都是国民党特务，还带了电台。"李伦更生气了。进红区时，胡仁奎有意走在前头，把名片交给放哨的，目的是请他们赶快报告延安。

1940年3月，胡仁奎回到了边区，并向分局请示在重庆接受的国民党任务怎么办。分局指出两条策略原则：一是打给重庆的电报，既不能泄露机密，又要有点东西；二是胡仁奎的言行，一般要比刘奠基右一点。分局还派来两位同志协助。胡仁奎让年纪较大的宋启明担任组织干事，负责与北岳区党委直接联系；让年纪较轻的小陈担任机要秘书，负责与两个特务交往，掌握报务。老宋工作很顺手，小陈也很快取得特务们的信任，逐渐让他翻译来往电报了。1941年秋，朱家骅发来电报，要胡仁奎到重庆述职。经请示聂荣臻同志，他复电朱

胡仁奎在山西五台松岩口，从左至右：胡仁奎、聂荣臻、邓拓、白求恩、宋劭文、潘自力、叶青山

家骅借故推托。1942年8月，朱家骅又来电报，仍要他去重庆述职。分局经研究决定，让胡仁奎再赴重庆。9月22日，胡仁奎出发了。他绕道晋绥边区，到延安时已是11月下旬。

在延安，他们拜访了毛泽东，从下午2时一直谈到晚上10时。毛泽东问他晋察冀边区能否坚持下去。胡仁奎说，完全能坚持下去，并向毛泽东汇报了边区的军事、政治、经济、民气等情况。叶剑英、彭真、贺龙、林伯渠等领导同志都会见了胡仁奎。最后，叶剑英代表第十八集团军总部，派汽车把他们送到了秋林。

在秋林逗留期间，胡熙庵对李伦说："李伦，梅亭这次去重庆，使命很重，你要很好地配合。梅亭是1926年的老党员了。"李伦听了又高兴，又埋怨。她问胡仁奎："熙庵说你是1926年的党员，你怎么不告诉我？"胡仁奎说："我是1926年的党员，但后来失掉组织关系了。"对于恢复组织关系的事，他只字未提。

1943年3月，胡仁奎来到了重庆。朱家骅对他说，蒋先生很器重你，他很期待能与你见上一面。不几日，蒋介石侍从室通知："蒋先生召见，谈话五分钟。"胡仁奎曾几次见过蒋介石，蒋介石总是很少说话，纵然讲一两句，也装作从容不迫的样子。这次却不一样，当胡仁奎略叙边区抗战概况，刚开始汇报边区国民党党务时，蒋介石便厉声问："共产党在那里究竟干什么？"胡仁奎说："共产党抗战是真诚的，聂荣臻为人忠厚，治军有方，从未吃过敌人的亏，边区抗战秩序已经建立了。"五分钟已到，胡仁奎便告辞而出。

这次，胡仁奎从朱家骅那里领到一笔国民党在晋察冀边区的活动经费，并请国民党汇到前方。他们找银行、找邮局，都汇不到晋察冀边区。于是，胡仁奎对朱家骅说："看来我还得到八路军办事处走走，请他们汇到前方。不然，这么多钱，我怎么带呢？"朱家骅只好同意。有一天，国民党中统局副局长郭紫峻说："我收到董必武与延安的往来电报，说你有多少钱要寄到延安。"胡仁奎说："你这不是新闻，而是旧闻，我早跟朱先生讲过了。"

1943年10月10日，胡仁奎一行离开重庆，回到延安时，已是1944年4月初了。作为中共中央的客人，他们住在延安交际处。党中央为了提高胡仁奎的身份，还开了欢迎会，并宴请了胡仁奎，《解放日报》还发了消息。

一天下午2时，毛泽东把胡仁奎接到他那里，谈到深夜10时多。胡仁奎是个组织观念很强的同志，仍没有把自己的真实身份告诉李伦。这样一来导致二人在生活上有些摩擦。

有一次，他们的保姆从吃饭的窑洞里哭着回来，说国民党那个人骚扰她。李伦听了很生气，对胡仁奎说："我对你没有其他意见，就有一点，为什么和国民党人住在一起？要么脱离国民党，咱们一块到晋察冀边区；要么就登报解除夫妻关系。"胡仁奎为难地说："要不你到党校找找安子文吧！"第二天，李伦去找了安子文。安子文说："李伦，梅亭是个好人，党的统一战线工作需要他这样做。你好好进步吧！以后我介绍你入党。"以后，胡仁奎对李伦说："那时候你也太天真了。你要是国民党特务的老婆，老安能跟你说这些话吗？"这样，进步青年李伦的心总算安定了一点。

1945年2月底，国民党中央组织部部长陈立夫打来电报，调胡仁奎到重庆工作。胡仁奎想：一下重庆，是事情逼在那里，不得不去，任务是保卫边区；二下重庆，是朱家骅一再电约，要应付一下；这次要长期在重庆，就更难办了。他把电报交给彭真同志，表示不愿再去。

3月20日前后，由周恩来主持，他们在杨家岭聂荣臻同志的住处开会，参会的有彭真、聂荣臻、刘澜涛同志。胡仁奎说："前两次去重庆是临时的，还比较好应付，这次去是长期工作，我是个教书的，干不了这个工作。"彭真说，你还是去吧！周恩来也是从有利于抗战大局出发，让你去，并要你广交朋友，做好工作。胡仁奎说："既然党需要我去，那我就去吧！不过，我留下个遗嘱，我如果牺牲了，请登报或树块碑，说'胡仁奎是中国共产党党员'，别的我也没有什么要求。"

那时，李伦快要生第三个孩子了，胡仁奎有些不放心。但是，为了党的工作，他只准备了两天就动身了。

1945年4月3日，胡仁奎抵达重庆，住在四川饭店，后由中统局副局长郭紫峻安排，住在中统局开设的大道出版社，地址在曾家岩周公馆的斜对面。胡仁奎按照周恩来的指示，广交朋友，"拜见"了陈立夫、朱家骅、郭紫峻、张道藩、潘公展、庞镜塘等国民党要人。

"金钱万能"是国民党统治区的特色。那时在重庆流传着这样一句话："这事'总裁'办不到，非请'总理'来办不可。"意思是蒋介石办不到的事，钱能办到。因为国民党的票子上印有孙中山总理的肖像，所以，人们把法币称为"总理"。胡仁奎这次到重庆，经过请客送礼，又领取了不少1944年以来国民党冀西党务的经费。但是，国民党中央组织部不让他把钱寄到延安和边区。于是，他就用这部分钱，广交朋友，借"总理（钞票）"之神威，开展活动。

在重庆，胡仁奎的一言一行都是很费思量的。无论新知旧交，怀好意的和抱恶意的人，都想打听延安的情况。他总是采取摆事实、做对比的方式，进行宣传。有一次，他请人吃饭，有人问延安是否民主，他不正面回答，而是说："1942年我路过延安，有一天贺龙约我吃饭，毛先生也来电话约我吃饭。贺龙给毛先生打电话说，是我先约的，应该先从我约，于是我就先赴贺龙的约会了。这在咱们重庆恐怕是不能这样的。"

经过几个月的努力，跟他接触的人都感到他是一位教书出身、有钱不吝、慷慨好施的忠厚人士，这为他后来开展工作奠定了一定的基础。

1945年8月28日，毛泽东赴重庆，同蒋介石进行和平谈判。8月30日，胡仁奎对陈立夫说："毛先生来了，我要去看他，你有什么嘱咐吗？"陈立夫说："是的，你应该去。"并说，"毛先生也许会来看我。"9月4日，胡仁奎到桂园（张治中公馆，毛泽东在重庆的住处）见到毛泽东、周恩来、王若飞，向他们作了如实汇报。毛泽东说，咱既跟他和，就是要和它这个党和，国民党是右派掌权，解决问题不能光找左派，还要找右派，我要会他们去，你可作桥梁，跟他们约一下。经过胡仁奎的相约，9月18日晚，他陪毛泽东、周恩来、王若飞到教育部访了朱家骅；9月20日，又到国府路高庐（陈立夫公馆）访了陈立夫；10月1日晚则赴朱家骅之宴，10月13

日晚赴了陈立夫之宴。

1946年春节，李伦和延安交际处处长金城给毛泽东拜年时，毛泽东对李伦说："你也到重庆去吧！"过了半个月，安子文也说："你去重庆，可找王若飞同志。"3月8日，李伦到达重庆。3月29日，胡仁奎带她去曾家岩八路军驻渝办事处见了王若飞。王若飞对李伦说："你就跟胡仁奎同志在一起，他领导你的工作。"回家后，胡仁奎对她说："为了我的问题，你多年心里很痛苦，今天我告诉你，我是外白内红，实际上是共产党员，是1926年入党的，我这些年做的事，都是党批准的。"李伦恍然大悟，心里非常高兴。从此，她就和胡仁奎一起为党做秘密工作了。

1946年5月，国民党政府还都南京。胡仁奎和李伦也于7月12日抵达南京。国民党中央党部给胡仁奎安排了国民党中央党部设计委员。这是个高薪水而没有实权的虚职。

有一天，国民党中统局局长叶秀峰对胡仁奎说："国共谈判，正面是张治中、邵力子，你可以从侧面常到梅园新村走走。"胡仁奎心想，这正好便于我与党组织取得联系。8月1日，胡仁奎和李伦向周恩来、董必武、王炳南汇报了叶秀峰的话。周恩来气愤地说："那你就来！"这样，每半个月左右，他们就去梅园新村一次。

可是，每次从梅园新村回来，总得向叶秀峰写个报告，这是件很伤脑子的事。由于在梅园新村周围有许多国民党特务在监视，你什么时候去梅园新村，中统局都知道。胡仁奎采取的原则是，能看得见的外表行动如实地写，对于政治问题，在不暴露党的机密的前提下，根据外表行动字斟句酌地精心编造，使中统局的人看了可以相信，也可以不相信，又找不到什么漏洞。比如，1946年10月11日国民党侵占张家口后，国民党官员兴高采烈，他们以为梅园新村的人们一定垂头丧气了。当时，旧政协濒于破裂，各民主党派面临作最后抉择的时刻。叶秀峰要胡仁奎到梅园新村摸摸气候。

1946年10月16日，胡仁奎到梅园新村，周恩来正在会见张君劢和左舜生，于是，他先和王炳南叙谈。待张、左走后，周恩来为他分析了各民主党派的动向，讲了党的方针。他回来写报告时，如实地写了张君劢、左舜生正在周室，以及自己先会王后会周的过程；说周恩来先生的态度潇洒自若、一如既往，讲了人民热爱和平，国共两党应该团结合作，巩固和平，否则，有负于民望。再如，11月28日，办事处为朱德祝大寿，他们前去祝贺，参加了30日晚办事处全体同志的聚餐会。饭后，大家坐在一起，董必武说："今天是第三天了，头一天是中外记者，第二天是民主人士，今天是我们自己人。"这个报告如何写？如果写自己人聚餐，等于告密，不写又不行。他反复琢磨后写道："董必武说，头一天是中外记者，第二天是民主人士，今天是我们老解放区的老战友。"把同志聚餐换成老战友聚餐，搪塞了过去。

就这样，从1946年9月到1947年2月，胡仁奎共写了十二次报告。有一天，郭紫峻对胡仁奎说："你写的报告，叶秀峰局长都看过了，评论是，你说有内容吧，实在没有什么；你说什么也没有吧，好像也有一点东西，食之无味，弃之可惜。"胡仁奎对李伦说："他们要

收买我的灵魂，灵魂我们有，但既不批发，也不零售，怎么能让他们食之有味呢？只要弃之可惜，不碍我徐图良策也就可以了。”

1946年11月，国民党撕毁决议，周恩来、邓颖超返回延安。胡仁奎曾向董必武请示，要求回延安。董必武说：“党中央叫我们留在这里，我们就留在这里战斗。”1947年2月27日，胡仁奎最后一次到梅园新村，与梅益同志谈话良久。3月3日，叶秀峰派秘书来通知说：“叶先生说，你不要再到梅园新村了。”3月7日，蒋介石把董必武等中共代表强制送回延安后，叶秀峰派秘书来威胁说：“叶先生说，这是你立功的时候了，应该把南京的地下共产党组织完完全全地写出来。”胡仁奎严词正色地说：“除了周恩来、董必武和中共办事处几个人外，南京的共产党我一个也不认识。”

胡仁奎再一次与党失去联系。他对李伦说：“现在是收盘买卖，有朋友来，热情招待，我们自己少出去。出去时，你我总要留一人在家，等候中央派人来接头。”

同党失去联系，犹如失掉灵魂。五六个月过去了，仍不见中央派人来。胡仁奎对李伦说：“在南京找不到党的关系，我是北方人，在北平熟人多……我们设法回北平吧！”1947年9月间，正是国民党行宪国大代表竞选之时，胡仁奎对郭紫峻说：“请你和叶先生帮忙，我回山西运动个国大代表，开国大时，为CC团投两票，你看如何？”郭紫峻和叶秀峰研究后告诉他：“你准备走吧！”于是，他们经上海乘船到天津，于11月8日回到北平。郭紫峻安排他住在中统局机关北池苑56号后院。由于他们的孩子多，日子一长，特务们感到不方便，又让他们搬到东总布胡同11号。

回北平的目的是要与党中央取得联系，原本没有回太原的打算。但为了掩人耳目，初到北平，他们也张罗着买飞机票，佯作返太原之状。梁化之得知胡仁奎要返太原，扬言已查明胡梅亭是共产党党员，来太原一下飞机就要逮捕他。在北平，他们也深陷特务重围，冒险出城是走不脱的，只好设法在北平与党中央取得联系。

12月23日，胡仁奎的老乡、在中央通讯社工作的韩俊德来到他家，胡仁奎请他向党组织汇报，派一位“交通员”引他回晋察冀边区。但地方党组织没有这样做，因为他们不知道胡仁奎究竟是什么人。直到1948年5月，韩俊德来告诉他，地方党组织请示了党中央，中央指示，“还是请你在外边，不要回去”。于是，他只好硬着头皮住下来，等候中央派人来联系。在北平解放前夕，他还做了些促进傅作义将军和平起义的工作。12月底，崔月犁来家说：“中央知道你来北平了，北平马上就要解放了。刘仁同志说，你不要回去，现在捕人很厉害，要注意一点。”

1949年1月，北平和平解放。解放后的第二天，胡仁奎就设法找到了彭真同志。从此，他胜利地从“地下”回到“地上”。他先后任对外贸易管理局副局长、中央贸易部办公厅主任、海关总署副署长，1962年任北京林学院院长，1966年病逝。

深切怀念汉斯·希伯同志

文/谷　枚

汉斯·希伯同志

汉斯·希伯同志（1897—1941年）是德国共产党党员，伟大的国际主义战士，中国人民的好朋友。他对中国人民和中国革命怀有深厚的感情，在1941年沂蒙反“扫荡”中献出了生命，我们十分怀念他。

一

1925年希伯同志第一次来到中国，在国民革命军总政治部编译处做编译工作，1927年四一二反革命政变后，愤而返欧。1928年2月，他写了一本名为《从广州到上海：1925—1927》的书，讲述了他在中国的经历。他在书的前言里写道：“中国的革命是生气勃勃的，富有战斗性的，尽管存在着暂时的困难，但千万万贫苦的中国人民必然会取得胜利……”这本书献给中国革命和英勇的中国无产阶级革命的先锋——中国共产党，表达了他对中国革命和中国共产党的深厚情谊。

1932年秋天，希伯同志第二次来华，携其夫人秋迪·卢森堡定居上海。当时在上海的包括史沫特莱、马海德、艾黎在内的几个外国友人，组织了一个国际马列主义学习小组，希伯同志是发起人之一。他们研究马列主义，更注意研究当时国际上和中国发生的一些重大事件，比如法西斯的兴起、蒋介石的“围剿”、中国人民在中国共产党领导下进行的革命斗争等。

大约在1934年，希伯同志回到欧洲，住了半年，又回上海参加了中国的反战反法西斯运动。他用“亚细亚人”的笔名，在美国和英国的一些报刊上发表了很多关于中国的政治文章及报道，揭露日本帝国主义者的侵略野心。中国的抗日战争全面爆发后，他把全部注意力集中在中国的抗战上，在美国的《太平洋杂志》等报刊上发表了《中国正越战越强》等有影响的文章。他和夫人曾化装成医生和护士，把药品送往敌占区的新四军交通站，以实际行动支援了中国人民的民族解放斗争。为了报道中国共产党领导下的抗日战争情况，希伯同志于1938年春去延安采访，在那里，他见到了毛泽东同志。1939年3月，又到皖南云岭新四军军部进行采访，见过周恩来同志和新四军的许多领导人。1941年1月初，发生了震惊中外的“皖南事变”。1月25日，重建的新四军军部在苏北盐城成立。5月，希伯即来到苏北，对新四军进行采访，见到过刘少奇、陈毅、粟裕等同志。希伯同志将采访写成了一本约五万字的书稿——《中国团结抗战中的八路军和新四军》。为了进一步了解八路军在山东敌后的活动情况，他提出了到山东采访的要求。新四军领导同志告诉他，到山东去，路途艰难，而且估计山东敌人的大“扫荡”快要开始了，比较危险，劝他暂勿北上。希伯同志坚定地说：“正因为这样，我更要去。那儿从没有外国记者去过，更需要我。许多问题，我到那儿才能找到答案！”最后，新四军军部尊重他的意见，决定派部队护送他去山东。

二

1941年9月12日，希伯同志顺利到达了山东滨海地区。

我当时任中共中央山东分局秘书主任。希伯同志未到之前，我们就得到了通报，在新四军派人把他护送过陇海路以后，一一五师派出一支小分队，把他安全接到了滨海抗日根据地。

一个外国友人的到来，给淳朴、好客的老乡们带来了欢乐。大人、小孩对这位身材高大、头发卷曲、蓝眼睛、高鼻梁的外国人仿佛看不够似的，围着他转。希伯同志一遍又一遍地弯腰同大家握手，用不流利的中国话说：“我叫希伯！你好！你好！”希伯后来跟我谈起初到滨海区的印象时说：“我真像个明星！人们追着我，围着我，一双双友善的眼睛望着我，仿佛我是一个天外来客，而我却有一种到家了的亲切感。能和山东的抗日军民会见，我很荣幸，实现了我的愿望！”

希伯同志不久就被护送到八路军一一五师师部，与一一五师政委罗荣桓、山东分局书记朱瑞、山东纵队政委黎玉等同志见了面。10月4日晚上，山东抗日根据地的党政军民各界举行盛大的茶话会，热烈欢迎希伯同志。朱瑞同志代表山东分局、山东纵队宣传部部长刘子超代表八路军、山东省战时工作推动委

该相机是投笔从戎的“洋八路”——牺牲在中国抗日战场上的著名记者汉斯·希伯生前使用的蔡司照相机

员会（简称“战工会”）副主任兼秘书长陈明代表山东抗日民主政府分别致词欢迎。希伯同志在致答词时，叙述了他自己的经历以及这十多年来与中国人民共同奋斗的情形。他说：“这次到中国的敌后方来，是我生平一次最好的旅行，在八路军和新四军的帮助下，在他们强大的武装力量的掩护下，使我能够在日本占领区中，来往自如地旅行在广大的中国土地上。而且，八路军、新四军和所有在中国敌后坚持抗战和民主的人士们，还给了我以最大可能的方便与安适，这是许多外国记者所想象不到的。我一定要把我亲身经历到的一切事情，比如像我怎样在八路军的保护下闯过了日本的封锁线的事，真实地报道给全世界的人们，特别是关心中国的外国记者们。告诉他们：谁要想真正地了解今天的中国，真正地了解中国人民是怎样英勇地和他们的敌人坚持搏斗的，谁就一定要亲身到中国的敌后方来！”这些热情洋溢，与中国人民心心相印的话语，赢得了全场一阵阵热烈的掌声。

这段时间里，希伯同志白天采访，晚上写作，废寝忘食地工作着。在他住处附近的人们，每天深夜都可听到他的打字机在“托托”地响着，有时一直到天明。一篇记述他从苏北到山东的经过的通讯稿——《在日寇占领区的旅行》就这么赶写出来了。他满怀喜悦的心情，给远在上海的夫人秋迪写了信，让她也来山东看看，顺便取走他的文稿。

三

就在这时，山东抗日根据地斗争形势恶化了。坐镇临沂的日军头目正在集中日伪军，策划对我抗日军民进行大“扫荡”。罗荣桓、朱瑞等同志考虑到一一五师主力部队作战频繁，他们也要到前方指挥反“扫荡”，希伯同志再随一一五师活动便会不安全，决定把他转移到山东分局机关。因为分局机关离战场毕竟远些，也就相对安全些。不久，希伯同志就转到山东分局，他的生活、行政方面的事情当然都要由我负责了。由此开始，我和希伯同志朝夕相处，结下了深厚的友谊。

希伯同志刚到我们这里时，看到我们骑马，他也要骑，我们就让他骑了。没想到他并不会骑马，上坡的时候，身子挺得直直的，马一跑动，他就掉下来了。我们急忙跑过去看他，问他伤着了没有。他乐呵呵地用特有的幽默的语调说："可能因为我长得怪，马见我害怕了，就把我扔了下来！"我们也被他逗笑了，但也知道了他不会骑马这个底，以后每次行军，我们总派人专门给他挑选一匹最老实的马，遇到上坡下坡，还专门派一两个警卫战士扶他。他这种不畏艰苦的精神和平易随和的作风，给大家留下了深刻的印象。希伯同志经历丰富，见闻多，对许多事情都有独到的见解。每当工作之余，我总爱找他聊聊，了解他的要求，征求他对有关工作的意见，也听他谈些国外的见闻趣事。记得有一次，他向我谈了一通世界上的人为什么要留胡子。他说，你们山东的八路军干部都不留胡子，这可以让人们看清真面目。其实，西方人留胡子，主要是为吓唬人的。年纪稍大一点的留胡子，可以吓唬小孩，说"我是你爷爷""我是你老爷爷"。希特勒这个法西斯头子，为了装腔作势，让世人都注意他，留起了样式奇怪的小胡子，活像一个小丑。西方许多留胡子的人，在人前都很庄重，一副绅士派头，但在背后却什么坏事都干得出来。当然，马克思和恩格斯例外，他们都留着大胡子，但他们是伟大的人。

在这段时间里，秋迪女士曾来探望过他一次。秋迪来后，我们让希伯同志把采访工作暂时放一放，陪她走走、玩玩。第一次来山东的秋迪，对这里的山水、民俗以及田里的庄稼等都颇感兴趣。希伯陪着她，到老乡家里做煎饼，到田间看收地瓜。他们无论走到哪里，都受到老乡们的热情欢迎。尤其对于秋迪这样一个外国妇女，人们更是给予特别热情的招待。对此，他们是深为感动的，不止一次地称赞"山东老乡好"。其间，还发生了一件让我先惊后喜的事。有一次我找希伯，问他在这生活得怎么样，有什么困难。希伯一本正经地说："你们最好把我的夫人早点打发走，我都有点吃醋了。"我还以为他们夫妇间闹了别扭，忙问他什么缘故。他说："我的夫人没有来这里时，我每到一处，大人、小孩都围着看我，我很神气。她来以后，我和她走在一起，人们都去围着看她，再也没有人理我了。"我明白了他的意思，禁不住哈哈大笑起来。没过多久，当着秋迪的面，希伯又说起上面那番话。没想到秋迪的嘴皮子也挺厉害，马上反击说："你在这里受到这么久的优待，我都没有吃醋，我来这里才几天，你就吃醋了，实在是气量太小！"说得我们又大笑起来。

然而，这种战争环境下暂时平静的生活，不久就被日军大"扫荡"的枪炮声打乱了。为了保证国际友人的安全，分局决定让秋迪女士提前回上海，并让我们劝说希伯同志也一起回去。希伯说："让秋迪先回去，我同意，但我决不离开山东。一个想有所作为的记者，是从来不畏惧枪炮子弹的，让我留下来吧！"我们苦劝不成，只好尊重了他的意见。就这样，希伯送走了他的夫人秋迪女士。但谁也没有想到，这次分别，竟然成了他俩的永别。

四

秋迪走后，山东抗日根据地的形势日趋险恶，敌人采取"铁壁合围"和

"蓖式围剿"等战术，大举侵犯沂蒙山区。我抗日军民采取机动灵活的战术同敌人周旋，几乎每天都要和敌人打几次小的遭遇战。对于我们来说，实际上已无前方和后方可分。为了使希伯同志尽快适应这种战争环境，每次行军中，我们都要手把手地教他，怎样注意前后联系，不要掉队；注意上山下山时脚步要稳，不要摔倒；注意行军规则，不要高声喧哗。希伯同志认真听着，并照规定做着，不久便俨然成为一名训练有素的战士。这位可爱的外国八路和我们一起行军，还坚持进行战地采访，从不落伍，从不要求照顾，表现了一个反法西斯战士的崇高品质和牺牲精神。

1941年11月5日，两万多名日伪军在飞机、大炮、坦克的配合下，从临沂、费县、平邑、蒙阴、莒县分十一路向沂水县南部之留田（今属沂南县）扑来，妄图将驻在这里的一一五师主力和山东分局机关包围消灭。当天下午，罗荣桓政委在留田附近的一个山村——仁家沟，召开了一次紧急军事会议，研究部署了突围的方案。黄昏时分，希伯同志跟着我们向西南方向突围，我和希伯同志走在一起。当晚，月光皎洁，夜色朦胧，敌人在周围的山头上燃起了一堆堆大火。我们和敌人相距最近的时候，只有一两公里，听得见敌方的马嘶声。我们的队伍依靠熟悉的地形和准确的情报疾行，寂静无声。到6日拂晓时分，我们胜利地钻过了敌人的"铁壁"，安全到达了费县汪沟一带，就地休息待命。我把当夜突围的大致情况向希伯同志讲述了一遍，他听了后高兴得跳了起来，兴奋地说："这一夜，是我一生最难忘的夜晚。比起在西方参加过的任何一次最愉快的晚会，都更有意义，更值得留念。"他提出要立即给八路军一一五师出版的《战士报》写篇文章，赞颂这次突围的指挥神奇以及山东抗日军民所表现出来的严密的组织性和纪律性，欢呼这个奇迹般的胜利，我们同意他的这个想法。于是，希伯不顾一夜奔波跋涉的劳累，坐在一块大石头上，以大腿当桌子打字，写出了一篇题为《无声的战斗》的稿子，由陪同他的翻译小方同志译成中文，旋即送往《战士报》。希伯同志的这篇稿子不久就被刊登在《战士报》的第一版上。文章中说，这次突围的指挥是神奇的！阴险毒辣的日军，四面布网，想在留田合击消灭我们。而我们却自由从容地在敌人的缝隙之间钻了出去，住到了敌人的隔壁。这是一场无声的战斗，我们一枪未放，就突破了敌人三道防线！敌人在封锁线布置了巡逻兵，但是八路军的战士是那样神勇，以致使敌人的巡逻兵在刚要喊叫和射击的一刹那就被匕首消灭了，畑俊六这时候一定正在大发雷霆，训斥他的那些不争气的饭桶将军们：八路军主力一夜之间到哪里去了？我们的赫赫战果在哪里呢？那些日本军官们重重包围、数万枪炮所指的，却原来是一堆堆黑色的岩石！这些饭桶将军们今天吃饭的时候，每人都应给他们吃一道美味的菜——大鸭蛋！

希伯同志的这篇文章，在山东抗日军民中引起强烈反响，起到了激励和鼓舞士气的作用。

五

11月下旬，沂蒙山区飘起了小雪，日军"扫荡"与抗日军民反"扫荡"的斗争更加白热化。希伯同志跟着我们的队伍，在东蒙山中与敌人"推磨"。我们

汉斯·希伯（左一）在去沂蒙山区前与陈毅、美国作家史沫特莱、粟裕、加拿大护士尤恩在新四军驻地前合影

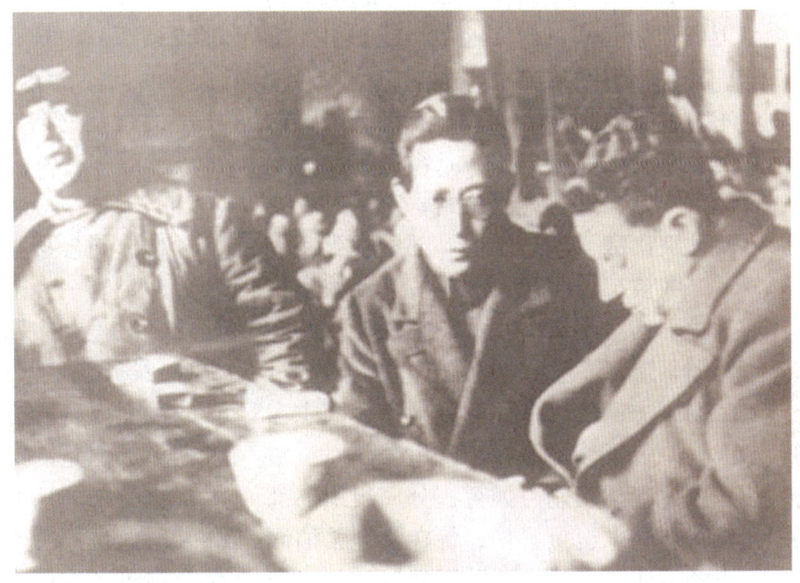

希伯在安徽泾县新四军军部采访，身旁为新四军卫生部部长沈其震

曾多次劝他早日离开山东，但他坚决不肯，一再表示：“现在正是最需要我奋斗的时刻，我要和你们在一起。”

不久，即发生了鲁中南地区抗战史上最悲壮的一次战役——大青山战役。

11 月 29 日晚上，我们山东分局机关和山东省战工会接到命令，向沂南县和费县交界处的大青山转移，那里是我抗大分校的驻地。事先得到情报说，那里没有敌情。

我已于前两天在一次战斗中前胸中弹，被担架抬着，跟着队伍出发。接替我负责指挥机关队伍的是陈明同志。我们经过一夜的急行军，赶到了沂南县崖子乡的西梭庄一带，此时已是 11 月 30 日凌晨，天才刚亮，周围山头上突然响起了枪声，仔细一看，周围山头上都是敌人，我们被日军一个混成旅团包围了，形势十分险恶。陈明同志把分局、战工会和山东国民党抗敌同志协会的警卫队集合起来，仓促迎敌，掩护机关突围。仗打得很残酷，不少同志倒在血泊中。我躺在担架上，被抬着离开机关队伍，东躲西藏，走了一条没有被敌人发现的小路，逃过许多险情，于第二天拂晓才突出敌人的包围圈。部队找到我们后，我被护送到敌占区一位老大娘家里治疗养伤。不久，我从前来探望的同志们那里知道了这场战役的一些后续情况：陈明同志牺牲了，他的爱人辛锐同志在战斗中负了伤，藏在山洞里养伤时，被敌人发现，用刺刀挑死；分局组织部部长李林同志也负了伤，曾在欢迎希伯同志的茶话会上代表八路军致词的刘子超同志也在这次反“扫荡”的另一次战斗中牺牲了。特别使我震惊的是：我们的国际友人——汉斯·希伯同志，在大青山战役中也拿起了枪杆子，和我们的战士一起射击敌人，最后也奉献出了生命。战役结束后，抗日军民打扫战场，发现了希伯同志弹痕累累的遗体，大家用庄严的持枪礼向他致敬，并把他安葬在那里。

汉斯·希伯纪念碑

六

希伯同志牺牲了。他是一个著名记者，却是以一个战士的身份在战场上牺牲的；他是一个欧洲人，却是在中国的抗日战场上牺牲的。为支援中国人民抗日战争而以各种方式进行斗争的外国友人很多，但是，穿上八路军的军装，亲手拿起枪来同法西斯强盗战斗而死的欧洲人，他是第一个。希伯同志用鲜血和生命支援了中国人民神圣的民族解放战争，在山东抗日战场上最严峻、最困难的一段时间里，他不避危险，与中国人民同生死、共患难，他是中国人民真正

的朋友。希伯同志的英名，将永载中国革命的史册，与中华山河同辉。

希伯同志牺牲后，中共中央山东分局机关报——《大众日报》发表了题为《纪念国际战友——希伯同志》的社论，高度赞扬了希伯同志殉身于中国抗日战争的伟大国际主义精神。1944 年，山东军民在赣榆马鞍山（现为抗日山）上，为他建立了一座高大、洁白的圆锥形纪念碑。碑上镌刻着山东军区司令员兼政委罗荣桓、副政委黎玉、政治部主任肖华的联名题词：“为国际主义奔走欧亚，为抗击日寇血染沂蒙。”1963 年 10 月，烈士的遗骨又迁至临沂地区烈士陵园，并专为希伯同志修建了一座陵墓。

1985 年 6 月下旬，我在赴江苏、山东检查工作途中，瞻仰和凭吊了希伯同志纪念碑和大青山旧战场。作为他的一个战友，作为山东分局照管他生活的负责人，我总为没有能够保护好这样一位伟大的国际主义战士而感到内疚。

从大青山上下来，我的心久久不能平静，于颠簸的汽车上，断续吟成一首小诗，现不避拙陋，把它录在后面，作为这篇文章的结束语：

大青山上共死生，
捐躯曾有异域人。
笔底风雷惊海石，
胸中火炬振民心。
蒙山常见高高影，
沂水时听托托声。
战友英魂今安在，
春光一缕便是君！

（本文作于 1987 年，由八路军太行山纪念馆供稿）

女红军危秀英

文 / 万　陆

延安时期的危秀英

危秀英（1910—2005 年），瑞金叶坪乡乌泥塘人。六岁时被卖至兴国县高兴圩做童养媳。1930 年参加工农红军，1932 年参加中国共产党，1934 年 10 月随红军长征，到达陕北后，又于 1937 年奉派回江西，出任吉安中心县委常委兼组织部部长，1938 年 5 月至赣南油山地区任赣粤边特委常委兼妇女部部长。1940 年调回延安，继又转战南北，先后任中共吉南地委委员兼组织部副部长，吉林省委妇委会书记等职。中华人民共和国成立后，担任过中共江西省委委员、妇委会书记、全国妇联农村工作部副部长、华南农垦总局副局长、江西省政协

常委等职。

危秀英同志是全国参加长征的三十名女红军之一，在长期的革命战争艰苦岁月中锻炼成长，由童养媳到女革命家，为社会主义革命，社会主义建设事业作出了巨大的贡献，成为江西妇女的杰出代表。

一

危秀英出生在一个贫苦的农民家庭，父母都是世代务农、老实巴交的文盲，靠租种地主的土地为生。他们终日拼死拼活地干还是得不到温饱，儿女们连起码的饮食和蔽体的衣衫都没有。瑞金老辈有天生天养之说，小秀英就是靠着祖辈练就的一代代遗传下来的顽强生命力，总算活到了六岁。

有一天，阿爸帮人挑货从一个圩场上回来，竟破例地趁弟妹们不在，塞给她一包“盏子糕”，于是在全家掀起了一场轩然大波。这是一种将米浆拌上红糖，然后盛进小酒杯（瑞金方言称“盏子”）蒸熟而成的甜食。在今天的孩子看来，这是一种极其普通，甚至用以充饥都不够的粗食，但在当时，尤其是在小秀英的眼中它却是世界上最好吃的东西。她记得还是当年清明时吃过一个，她至今还清清楚楚地记得那甜丝丝、松腻腻的滋味。那天，她和几个小伙伴到屋背岗大墓堂放牛，一个在外地做大官的人正在扫墓，他叫手下的人给她们每人赏了四个“盏子糕”，叫她们今后不能到墓堂里屙屎尿，不能去画墓碑。当时，她只吃了一个，嘴里还想吃，但她心里又不舍得吃掉，想带回来给姆妈尝尝。起先姆妈还怪她不该接人家的东西，等明白了究竟，才分给了两个哥哥一个妹妹。他们吃完了还直吞口水，连连说好吃。今天是什么好日子呢？阿爸为什么舍得买这么好的果子？而且连哥哥妹妹都没有，要单独给她？

小秀英当然不肯独吃，于是疑疑惑惑捧着“盏子糕”来到灶间找母亲。原来阿爸和哥哥、妹妹都在，他们像在说什么话，见她一进来就停了嘴。秀英一步一步慢慢地走向姆妈，姆妈再也忍不住了，哇地喊了声“闺女”，便一把将小秀英抱起，紧紧搂在怀中。哥哥、妹妹也当即走了过来，围在秀英身边，那盏子糕滚落一地，谁也顾不上去捡它……

原来，阿爸为了还债，出于无奈，把小秀英卖了，明天一早就有人来领她走！于是，一家人连晚饭也没吃，就在灶间团团围着哭了一晚。阿爸则枯坐一边，一句话也没说，直抽闷烟。第二天一早，哥哥和阿爸下田，四岁的妹妹接替秀英，做了“放牛妹”。姆妈忙于做饭，也顾不了她。秀英便捡了一堆鹅卵石放在“洞水”的背后，打算生人一进门就用石头打，石头打完了再用柴刀劈。可是，六岁的妮崽仔毕竟计划得太天真了，还没等她将紧握在手中的那个石头扔出去，便被两个牛高马大的陌生男子抱走了。她大哭大喊，乱踢乱蹬也无济于事，直到她狠狠地咬住了那人的手，他才将她放下。小秀英于是撒腿就跑，一口气跑进了平日最喜欢她的大伯家，伯母赶紧将她抱进怀里，又是哄又是说，小秀英由于疲劳过度，一下子就睡熟了。这样，小秀英便由堂兄背着随陌生人出发，被卖到了兴国高兴圩的一个小商人家里。

旧社会妇女没地位，即使是大姑娘嫁到婆家，也是“讨来的媳妇买来的马，任人骑来任人打”，何况是小童养媳呢？

秀英在那个商人家里除受皮肉之苦外，还要遭受精神折磨。年仅九岁，便要砍柴、做饭、洗衣、挑水，比成年人做的事还多、还累、还苦，动辄挨打、罚跪、饿饭。幸亏在1930年10月的一天，中国工农红军来到了高兴圩，时已二十一岁的危秀英毅然飞出牢笼，报名参加了中国工农红军。

危秀英早就听说朱毛红军是穷人的军队，是专帮像她这样的穷苦人打天下的。她也亲眼见过剪短发、打绑腿的女红军，她们和男红军一样做演讲刷标语，扛枪“打野操”。一到红军队伍上，她自由了，反倒不知干什么好。幸亏先参军的大哥大姐一点一滴地教她、带她，她才渐渐地感到不陌生。环境熟悉了，她便不要命地干，除操练之外，她替人洗衣，帮伙房洗菜做饭，给驻地的老乡挑水、捡猪草、打柴，一下子军队内外便都喜欢上了这个粗眉大眼、老实憨厚的“兵妮仔”。1932年4月，危秀英光荣地加入了中国共产党，从此她更是把自己的一切交给了革命事业。

1933年3月，危秀英离开部队，调到中共江西省委任妇女部干事，妇女部部长是蔡畅，省委书记则是李富春，省委机关设在宁都县。危秀英接到调令，连夜就往宁都赶，待她找到省委，见到蔡畅，她立即请求分派任务。蔡畅望着这个手粗脚健、朴实憨厚的姑娘心里十分喜欢，便说：“秀英，知道写自己的名字吗？”危秀英一时摸不着头脑，不知说什么好，直到蔡畅又问了一遍，她才说：“大字墨墨黑，在我眼中哪个都一样，说不出认得认不得。”她这一说倒把蔡畅同志惹笑了，她笑够了才说：“秀英，从明天起我教你学文化，一天认十个字，少认一个就得认罚。”

危秀英心想，叫我干什么都可以，再苦再累也难不倒，可叫我学认字，这不明明是要我床底下劈柴，诚心让我起不了势吗？于是她对蔡大姐说：“大姐，开山锄、翘肩担我拿得动，举得起，可这三寸半的笔，我实在无法对付。”

蔡大姐听了，严肃地说：“红军战士神不怕，鬼不怕，还怕三寸半？那你还当什么女红军，当什么共产党？”停了停，蔡大姐又和颜悦色地说，“秀英，什么事情都是熟能生巧，拿笔与拿锄头一样，都要锻炼、熟悉它。初到苏区时，我会拿笔，但不会拿锄头，现在好了，锄头也听我使唤了。”接着，她还说，“没有文化，不会写写画画，怎么能干好革命？”从此，蔡畅天天教危秀英认字写字，一天不落下。有时外出工作，没有纸笔，她们就在地下写画。后来，蔡大姐还用自己分得的伙食尾子为秀英买来毛笔、毛边纸。从此，秀英学得更有劲了。

在革命队伍里既学文化，又学革命道理，秀英进步很快。一天，蔡畅大姐又给秀英送来一本笔记本、一支铅笔，对她说：“从下个月起，除口头汇报工作外，还要加上书面汇报。不会写的字可先空个格，汇报后我教你补上。”正是在蔡畅的严格要求和具体帮助下，危秀英才逐渐甩掉了文盲帽，一年多的时间，便能写简要的工作汇报了。

1934年夏，危秀英奉命至中央党校学习。当时党校设在瑞金沙洲坝，离娘家不远。从六岁被卖之后，她已近二十年没有回去过。以前，她曾埋怨过父母的狠心，参加革命后慢慢谅解了他们，知道他们也是出于无奈，要恨只能恨土

豪地主、反动政府，因此决定到学校请假后回去看看。可谁料到，当时由于王明路线的错误领导，导致第五次反“围剿”的战事节节失利，到校不久即又奉命回原单位执行紧急任务，最终还是没回去成。不过，秀英感到十分不舍的，倒还是和蔡畅大姐要分开了。记得那是分手的前一晚，蔡大姐拿出了黑格子厚毛毯，要危秀英帮她拉住对折起来，然后用剪刀将毯子对半剪开，将一半塞给秀英，说:“拿去，留个纪念。”秀英知道这是大姐的心爱之物，是她在法国勤工俭学时买的，回国后一直带在身边。秀英说什么也不肯收，大姐生气了，说：“你怎么变得这么不懂事了？这是大姐的一点心意嘛！以后还能老跟着我？带着它，风风雨雨，可以用它挡一挡，就像我还在身边！”这下，秀英才把毯子小心地收起来，从此南征北战，这半条毛毯始终没离开过她！这天晚上，待秀英睡下后，大姐又就着昏黄的油灯为秀英缝挎包，一针针，一线线，缝得密密实实，挎包缝好后，又拿出一条毛巾，一个茶杯和一双筷子，帮她放实在。大姐考虑到筷子容易掉，又特意将自己用的一把铁勺子放了进去。这个苦难童年中丧失了慈母爱姐妹情的小童养媳，在革命队伍中享受着战友加骨肉的双份情谊。

二

1934年10月，危秀英被编入红一方面军总卫生团干部连，踏上了长征之路。连里的女同志除病弱与怀孕的以外，都要承担“政治战士”的任务。危秀英也不例外，她从小受苦，经受过锻炼，身体素质也较好，她承担着照顾四个伤员的繁重任务，不但要找到民工抬四副担架，而且还要做伤员和民工的思想工作。伤员都是从反“围剿”前线转移下来的，这一次比任何一次反“围剿”战斗打得都不同，按极“左”路线“御敌于国门之外”的方针，他们去打阵地战，实施“短促突击”，战士们个个感到憋着一肚子气，窝着一腔无名火，加上身负重伤，因此伤员们的火气一般都很大，常常把她们当成发火的对象；而民工多半是临时动员的，他们对革命的认识程度深浅不一，不但思想工作难做，而且还常常发生在中途逃跑之类的事。这样，“政治战士”便一般都得与民工一道共抬担架。而宿营时，民工可以休息，她还得先安排民工的吃住，首先让他们吃饱睡好，其艰辛劳累可以想象。对这些，危秀英都能理解，因此做起来十分耐心，加之她能吃苦，常常使民工、伤员深受感动，觉得不好意思。

有一次，危秀英负责的担架有两副掉队了，到一个休息点后，她赶紧返回去寻找。待找到他们后，在追队伍的路上又突然遭到敌机的袭击，抬担架的民工没经历过这样的场面，受惊吓后立即扔下担架跑了，一下子就跑掉了三个，剩下的一个也说自己没力气，抬不动，不肯走了。当时，担架上的女战士陈慧清刚生过孩子，根本无法行走。危秀英一看情况万分危急，赶紧将陈慧清背至隐蔽处，又安置了另一个伤员，然后取下自己的半袋子干粮，让那个民工坐到隐蔽处边休息边充饥，然后慢慢做他的思想工作，从自己的身世说到红军的宗旨，然后是眼下遇到的困难，那民工听了，不但自己不走了，而且还在附近找回来另外两个民工。于是危秀英和他一起共抬陈慧清，翻过两座山便追上了大队伍。

危秀英（左一）与战友在一起

干部连的战士除了负责担架队外，有时也要留在队伍后面做收容工作。在行军中，掉队的往往是年老或体弱的同志，要帮助他们赶上队伍也是件苦差事。他们掉队各有各的情况，各有各的特殊困难，负责收容的都要一个个帮助他们解决。危秀英不但帮他们背枪弹，搀扶弱者，背负伤者，还要对他们做宣传鼓动工作。为了使他们忘记疲劳，忘了伤痛，她还常常用清亮的嗓音唱兴国山歌，那歌词往往是她即兴编就的：

哎呀哩——

过了一山又一山，

眼看就到大平川。

红军双脚是量天尺，

同志哥，

量天量地不觉难——哟喂！

一次，在打退敌人的偷袭之后，又有不少同志掉队了。危秀英主动返回原路收容失散的同志。她发现有个战士斜倚在路旁的坡坎上张着嘴直喘粗气，原来他正发着高烧，根本没有一丝力气挪步。危秀英赶紧打开水壶，给他喂水，然后将他身上的行装全部取过背上，将他扶起，搀着就走。那战士挣扎着说："快，快把我放下。这样，连你都会垫进去，我……我不能连累你！"危秀英见时间紧迫，一时也不便说那么多，便用命令的口气说："什么你呀我的，让你走你就快走！"就这样，她连拖带背，竟然帮助他翻过了两座大山，并帮助他回到了所在部队。二十三年后，即1958年，危秀英去看望蔡大姐，竟然在那里又一次碰上了这个被救的病号，原来他叫廖志高，当时已是中共四川省委书记！廖志高紧握着危秀英的手说："秀英同志，我这条命是你捡回来的，长征路上一分手，我还没向你说句感谢的话呢！"

其实，危秀英在艰苦的革命历程中，何止救过廖志高同志一个人呢！就在长征路上，还发生过这样一件事。1935年6月，部队到达四川毛儿盖沙窝，当时群众对红军还缺乏了解，粮食奇缺，同志们几乎全靠野菜和野蘑菇充饥。一天晚上，危秀英到一个藏族同胞家去做宣传，回到宿营地时只见邓六金、廖似光、刘彩香三名女战士和哨兵、通信员都躺倒在地下，身边还留着一碗黑乎乎的蘑菇汤，看样子是给她留的。危秀英从小就没少吃这种野菜汤之类的东西，端起碗喝了一口，觉得味道不对劲，又夹起一朵蘑菇仔细看了看，觉得更像毒蘑菇。再看看地上躺着的刘彩香她们，一个个一动不动，口吐白沫，她便断定是中毒无疑。可是这样的地方到哪里去找解毒药？她急中生智，忽然抱起刘彩香的头，扒开她的嘴，将手伸进她的喉咙去掏，三掏四挖，竟把刘彩香掏吐了。她知道，要能把毒蘑菇吐出来人就有救了。于是她又抱起邓六金、廖似光……终于将他们一个个救活了。睡在附近同一个草坪上红四方面军的一个团长、政委、参谋长也是由她用这个办法救活的。

1935 年 6 月，危秀英被调至红一方面军第一军团民运部工作，随即借到总供给部负责筹集过草地的军粮。当时，不但军需供应吃紧，而且党内斗争十分激烈。自红一方面军与从川陕根据地撤出的红四方面军在川西懋功（今小达县）达维镇会师后，本来形势正趋好转，中央于是决定红军继续北上，建立川陕甘革命根据地，以便站稳脚，渐图发展。但是，红四方面军负责人张国焘却反对中央这一正确的战略方针，主张向川康（原四川省与西康省之间，今西康省已撤销，分别并入四川与西藏）边界少数民族地区退却，到达阿坝（今四川阿坝藏族自治州西部）后，竟不顾一切，强行南下，企图另立中央，在红军两大主力间制造分裂与对立。而这一切，危秀英当时是不甚了解的。一天，林伯渠同志命令危秀英立即前往附近红四军某连驻地，率该连继续北上。她依照命令，到达连队，连夜率队北行。天亮时到达一个岔道口，只见路边站满了受张国焘蒙骗的四方面军战士。当时，因为两大主力所穿的军服颜色不同，因此，他们一眼就认出危秀英等同志是一方面军的，当她一露脸，有人就怪叫：“扣住她，别让她跑了！”

危秀英见状，一时也搞不清是怎么回事，但她记得林伯渠同志交给她的任务是：率领连队继续北上。她心想自己一时是走不掉了，但连队不能因此误入歧途，必须保证他们跟着毛主席继续北上。她急中生智，忙转身向

参加长征的部分女同志在北京合影。前排左起：刘英、陈琮英、魏元德、周月华、危秀英；中排左起：邓六金、甘棠、吴仲廉、李伯钊；后排左起：吴朝祥、何炼芝、康克清、李坚贞、李贞、廖似光、蔡畅

刘英（左）到南昌探望危秀英

连队干部作了交代，然后迅疾地朝四方面军的队伍迎去。他们立刻将危秀英团团围住，危秀英故意慢条斯理，从容镇定地与他们讲理，用她唱兴国山歌，做宣传工作的本领一下子将他们的注意力吸引过来。连里的同志就趁着这个空隙离开了这个是非之地。当红四方面军的人发现时，他们已经走远了，于是更加扣住危秀英不放。危秀英一手按住腰间的枪，一手挥动着讲解应该继续北上的道理，她说："天下穷人是一家，红军更是一家人中的亲兄弟，无论哪一部分都是中国共产党领导的人民武装，党中央既然作出了决定，继续北上抗日，我们就应不折不扣地坚决执行，任何人也不能例外，更不能与中央唱对台戏。"红四方面军的同志听了，有的认为合理，便不再开腔了，有的却依然不听，大吵大嚷，更有的破口大骂："你们是逃跑主义！"

正在争得不可开交之际，周恩来副主席带着警卫人员跑过来了，一个警卫人员拉了拉危秀英的衣角，朝已经远去的连队努了努嘴。危秀英领会了他的意图，冲出包围圈，向周副主席感激地挥了挥手，点头致意，然后转身朝队伍奔去。危秀英终于完成了林伯渠同志的重托，将这个连的同志带到了吴起镇，胜利完成了长征的艰巨任务。

三

危秀英自参加革命的那天起就打定了主意：将一生交给党安排。她历尽千辛万苦，受尽百般磨难，胜利到了陕北，但黄土高原窑洞里的炕头她还没坐热，小米粥还没喝够，党又分配她由北而南，回到生她养她的江西故土，从事游击战争的艰苦工作。

红军长征后，顽固派卷土重来，中央苏区遭到惨绝人寰的洗劫。受命留下在这里坚持游击战争的同志要保存实力，站稳脚跟，求得发展，伺机打击敌人，是极其艰险与困难的，面对这样的重担，危秀英二话没说，从赣江之滨的吉安到赣江源头的油山，每到一地即扎根群众，

团结同志，心向延安，冲破一个又一个险关，战斗在红色赣粤边。

1937年七七事变，抗日战争全面爆发后，由于中国共产党人的努力，第二次国共合作，抗日民族统一战线终于形成。这一年冬天和第二年春天，赣粤边游击队奉命改编为新四军，开赴苏皖抗日前线，另一部分同志则仍然留下，就地坚持斗争。顽固派对这部分同志恨之入骨，表面上说联合抗日，骨子里却经济封锁、军事“围剿”双管齐下，游击队的处境空前艰难。他们不能进村栖息，野外营地也不能有固定地点，往往睡觉也得不停地转移，一晚上得折腾几次。白天、晚上均不能生火做饭，反动武装有专人负责白天看烟、晚上观火，然后循着烟火进剿，因此大多数时候靠野果充饥，有时甚至吃生笋、野蘑菇。

当时，赣粤边特委受中共广东省委领导，为了将情况向省委汇报，听取省委的指示，1939年深秋的一天，危秀英化装成一农村妇女，挑着一担柴火下山。行至大余池江圩（今大余县池江乡）附近时，她找到一个偏僻处，藏好柴刀，换上藏在柴火里的旗袍、皮鞋，梳理好头发，化装成一个女教师，然后乘上赣州开往韶关的班车到达韶关市，按指定地点找到广东省委。省委领导听了汇报，才知道他们的情况，并作出了“保存实力，等待时机”的指示。事后，她又混入广东逃往江西的难民队伍，步行回到池江，找出藏好的衣服和柴刀、禾杠，化装回农妇。正要上山，前来接应的游击队员报告说：“半山腰有敌人，不能上山。”幸亏这一带群众基础好，群众大多知道他们是油山游击队的人，便有几个青年妇女主动出来，也带上捡柴的家什，簇拥着她一路说说笑笑，装成进山捡柴的模样。她们一路还故意用柴刀敲击着禾杠，发出种种有不同节奏的声音，显得十分自然欢快。其实，那是探路的信号，遇有情况，知情者便会自动报警回答。这正是赣南人民在特定的条件下创造的一种通信方法。

危秀英回到山里，对省委的指示一一作了落实。后来，这支队伍在解放战争时期壮大发展为东江纵队的一个支队，一直战斗到解放军南下，与大军一同解放赣州市。

由于革命事业的需要，危秀英在油山战斗了两年零五个月后，又于1940年10月调回延安，先后至中央马列学院与中央党校学习。1945年，她还光荣地出席了中国共产党第七次全国代表大会。接着又转战南北，随军南下，再度回到她的故乡江西任职。

中华人民共和国成立后，她无论是在江西还是在全国妇联从事妇女工作，或者在农垦战线、政协岗位上，都始终保持着红军老战士的本色，朴素得像个农家老婆婆，但干起工作来却仍然是那样的风风火火。要是看照片，谁也不相信她是个经过二万五千里长征，又曾南征北战的高级干部。可她就是她，她就是由童养媳成长起来的无产阶级先锋战士，江西妇女的杰出代表危秀英。

（本文选自新浪博客）

大龙华歼灭战

文 / 罗元发

开国中将罗元发

1939年4月，日本侵略军的大“扫荡”由冀中平原转向北岳山区。为了打通涞（源）易（县）公路，隔断我北岳区与平西的联系。日军于5月7日占领了易县大龙华镇，为了粉碎敌人的阴谋，我晋察冀军区第一军分区于5月20日进行了收复大龙华的战斗，取得了重大胜利。

一

1939年4月间，我们一分区主力部队正按照晋察冀军区的计划，在河北易县北娄山村一带进行军事、政治整训。在整训将要结束时，忽然接到情报：驻易县城之敌第一一〇师团第一四〇联队第三大队及部分伪军，共七百多人，携炮三门，于4月中旬出城，沿涞易公路

西进梁各庄。

我们曾与这股敌军交战过。1938 年 10 月在阜平县方太口被我军战败后，这股敌军一直无大的动静，此次孤军出动用意何在？是加强梁各庄守敌，还是诱我主力出击，然后会合涞源之敌合围我主力？我们尚未摸清情况。因此，我们决定部队一方面继续进行整训，另一方面派人进一步查明敌人的动向，密切监视敌人的行动。

很快，侦察员报告：5 月 7 日，这股西进之敌的一部二百七十余人从梁各庄继续西进，占领龙华镇后就不再前进了，开始在大龙华架铁丝网，在镇西和镇北两面的高地设置岗哨，并大抓民夫修筑碉堡，派兵强迫民工往西修汽车路。这种种迹象表明：敌人要在大龙华安下据点，然后西进。同时，经侦察还发现涞源之敌也不断东出活动，与大龙华的敌人互援互进。

通过对敌情的分析，我们初步搞清了敌人此次出动是想打通涞易公路，扩大其占领区。

涞易公路，全长一百多公里，蜿蜒在崇山峻岭之中，从西到东横穿我一分区北部地区。一年多来，经我军多次破路和袭击，敌人的这条重要运输线已基本瘫痪，给驻紫荆关、王安镇、涞源等地的日军与易县日军之间的运输造成了很大困难，敌人这次出动是想修复涞易公路，以便占领后点连成线，再由线扩展为面，迫使我军退缩，或与敌主力决战，最后切断我北派区与西地区的联系。

基本搞清了敌人的企图之后，我们连夜开会研究歼敌计划。会上，大家一致认为，这一仗非打不可，而且要力争全歼大龙华之敌。但怎么个打法？大龙华的敌人虽然不多，但武器精良，特别是周围的易县、梁各庄、涞源等据点的敌人，很可能出兵增援。最后，一分区司令员杨成武根据大家的意见，做出先歼大龙华之敌，同时准备打援的决定。什么时间打？杨成武说："要进一步侦察，待切实弄清敌人驻防情况后，再做决定。"他要求各部队抓紧做好战前准备，同时让我（当时任一分区政委）和黄寿发参谋长会后马上到前线去，组织人员尽快查明敌人的兵力和部署情况。我们到前沿部队后，立即组织人员进行侦察，很快把敌人的兵力和部署情况搞清了。

大龙华是易县通往涞源的必经之地。当时驻守大龙华的是日军一个中队，还有西陵警备队，共三百多人。附近的梁各庄驻有日军四百多人，解村、姚村、易县、满城等敌人据点各有约二百人，总计一千二百人左右。这样，我们若在大龙华打响后，周围据点的敌军要增援，最多只能出动八百人。而当时我们在这一地区的部队除第一团外，还有分区第三游击支队、第三团三营、第五游击支队的二十五、二十六两个团和分区特务营、骑兵营、炮兵连等，数量不少，同时，我们的部队又刚刚经过整训，军政素质有很大提高，武器弹药也有很大改善，一旦出击，保准取得胜利。根据这个情况，分区最后做出了歼灭大龙华之敌和同时打援的具体战斗部署。

一团一营和二营七连，由营长林必元、教导员邓经纬率领，以勇猛坚决、秘密迅速之手段消灭大龙华之敌；一团主力和第三游击支队两个连，由一团政委王道邦、副团长熊奎和第三游击支队支队长曾雍雅率领，分别隐蔽在小龙华、老虎岭东南高地，配合一营歼灭大龙华逃出之敌；分区特务营、骑兵营、炮兵连和三团三营隐蔽集结于大龙华至梁各庄之间的大红门地区，待梁各庄西援之敌行至西大地、官地附近（即清西陵一带）以猛烈炮火南北夹击，以求在运动战中彻底消灭敌人；第五游击支队一部隐蔽在井尔峪一带山村，待西援之敌通过大红门到达西大地、官地与我军接火后，立即从敌侧后出击堵敌后路，全歼援敌，同时监视梁各庄之敌动向；第五游击支队余部分两股分别警戒姚村、解村之敌，配合主力牵制敌增援部队。会上，杨司令员信心百倍地对大家讲："这一次一定让敌人领略毛主席的游击战争的战略战术！"

作战计划很快得到军区批准，我们马上召开分区干部会议，下达作战命令，部署各部队的具体战斗任务，接着又召开了动员大会，由我作了动员报告，将敌人的活动情况与企图，以及我们的战斗决心，取得胜利的有利条件等，向全体干部战士作了充分说明，使大家心里有了底，战斗情绪空前高涨。

动员大会以后，广大指战员纷纷写请战书，立誓言，表决心："首长，快下命令吧！我们保证打好这一仗！"

"消灭日本侵略者，为老百姓出气！"

我军曾多次在这一带活动，同群众关系十分密切。当地的党组织和群众，经过多次反"扫荡"斗争的考验，对敌斗争情绪高、有经验，听说我们要打大龙华，当地党组织立即动员一切力量，准备配合部队作战。自卫队连夜出动破坏公路，设立岗哨，封锁消息，还集中了两千多名青壮年和五百多副担架以及大量驮子，准备担负战场运输和战地救护。附近村庄的妇女也动员起来，为部队烧水、做饭。战斗开始前四个小时，大龙华镇党支部书记又带着六名共产党员到我们指挥机关，把敌人在大龙华村的驻扎地点、兵力、火力配备等情况作了详细的报告。

有这样好的地方党组织和人民群众配合，我们一定能够打好这一仗。另外，大龙华地区的地形条件对我们也很有利。这一带平原少、山谷多，敌人所处的位置正好在一条南北靠山、东西狭长、中间不足五百米宽的山谷内，是一条天然的"大口袋"，如果我们的部队两面夹击，管叫敌人插翅难逃，束手就擒，真可谓天时、地利、人和。

大家都憋足了一股劲，决心打好这一仗，全歼大龙华之敌。

二

5月19日深夜，天空无云，满天星星闪着亮光，好似在神秘地注视着静静的村庄和田野。除了有几声不知名的小虫子鸣叫外，一切都是那样宁静，仿佛整个大地都进入了梦乡。可是有谁知道，就在这宁静的夜晚，我担任主攻任务的一团一营和二营七连等部队，迅速隐蔽地包围了大龙华镇，骄横的敌人万没想到已死到临头。

大龙华镇坐落在两山中间。敌人在山上设有哨所，镇南镇北都有碉堡，其主力驻在镇西头的几间大房子里。我一团等部队，在大龙华镇党支部书记和六位党员的引导下，于20日0时30分，神不知鬼不觉地绕过山上敌人的警戒线，迅速包围了大龙华。当我们部队摸到镇南碉堡跟前时，敌人竟毫无察觉，一个个还在蒙头大睡。凌晨1时整，我

1943 年雁北支队政委兼地委书记罗元发

罗元发参加晋察冀军区政治工作会议

一团一营和二营七连分别从镇东北和镇西南勇猛发起冲击。一营二连副连长高万言首先带领一个排，悄悄砍断了围在碉堡四周的铁丝网，向敌碉堡内投进十几颗手榴弹，随着手榴弹的爆炸声，碉堡里的敌人全部报销了。与此同时，我一营一连三班长柴士贵带领一个班冲入村内，秘密绕过三层铁丝网，进入敌人一幢住房，用手榴弹将屋内敌人全部炸死。接着，隐蔽在大龙华镇四周的战士，趁着夜幕，犹如猛虎下山，直扑敌人住的另外几间大房子。愚蠢的敌人开始以为是游击队来骚扰，没有放在心上。当我们的战士冲进院子时，敌人才恍然大悟地尖声号叫："八路的来了！八路的来了！"晕头转向地握着枪慌慌张张地往外蹿，有的只穿个裤衩就从窗户里爬了出来。敌人一出屋，在院子里的我军战士马上端着刺刀冲了上去，将敌人一个个刺倒。

在我军向敌发起攻击的同时，大龙华镇的民兵和群众也立即投入了战斗。他们有的拿着铁锹，有的拿着棍棒、镐头，将被打蒙的敌人团团围住，边打边喊："鬼子被包围了！""鬼子跑不了啦！狠狠打呀！"我军当向导的大龙华镇党支部书记等7人，战斗打响后，都自愿留下来，同我们战士并肩战斗。他们有的搬起石头砸死了一个敌人；有的活捉了一个敌兵，还缴获了一挺轻机枪；有的赤手空拳与敌人搏斗，最后抓住敌兵的两条腿，像拖死猪似的将其拖死。战斗打得激烈、紧张、痛快，到天亮时，敌人被杀伤约六十人，我军只有五名轻伤。敌人处处挨打，到处乱撞。最后，剩下的敌人逃进了镇东头一所大院子里。这个大院的围墙很高，又很坚固，敌人守住院子拼命抵抗。这时天已大亮，我们考虑部队经过一夜激战，弹药也需要补充，加上敌人已被我军围困在院子里，我们的炮兵还没赶上来，攻破这所院子也有困难。所以分区决定，以一部分兵力在镇内坚守阵地，其余暂时撤至镇外进行休整，以利再战。

我们的部队刚撤出镇，阵地附近镇庄的群众便纷纷跑来慰问，有的送来了热饭、热汤，有的一边往战士口袋里塞鸡蛋，一边高兴地说："多吃点，吃饱了接着打鬼子！"人民群众的热情期望，使我们的战士深受鼓舞，大家纷纷表示："一定继续战斗，坚决全歼大龙华的敌人！"

20日上午8时，我们接到情报从易县和梁各庄出动的援敌，已在大红门附近与我预先埋伏的部队发生了激战。同时，困在大龙华镇的敌人听到炮声，拼命突围，其中有一百三十多名敌人在三八野炮和重机枪的掩护下冲出大龙华镇，朝小龙华方向逃窜，企图与增援的敌人会合。敌人万万没有想到，他们逃窜的方向，正是我一团和分区骑兵营、特务营及第三游击支队的埋伏圈。

当日军刚刚逃到小龙华村外时，隐蔽在那里的我一团二营和分区骑兵营、特务营立即在宋玉琳、马辉和张宗坤的分别指挥下，勇猛地从山坡上、草丛里冲出来，扑向敌人，将大部分敌人歼灭。残敌纷纷向路旁的一片小树林逃去。我们部队又迅速冲进树林，与绝望的日军展开了白刃格斗。为了配合二营歼灭这股敌人，三营副营长罗招辉立即率十一连投入战斗，战斗打得非常激烈和艰苦。一团二营五连八班长邱岗身上多处负伤，仍连续刺死两名敌兵；二班长朱贵长身

负重伤，仍刺死一名敌人；分区骑兵营一连七班班长高占言和几个战友同时开枪撂倒了几个敌人，缴获了一挺九二式重机枪。经过一两个小时的拼杀，逃进小树林的敌人大部被歼，剩下的三十多名敌人向东逃到官地一带，又被我骑兵营、特务营、三支队的一连死死咬住。当敌进到约三十米处时，我们的部队冲出工事，一阵阵猛打，敌人被歼多半，剩下的十多个敌人，一路号叫着钻进一家老百姓的菜窖，我们的战士把住菜窖口喊话，要其投降，这几个家伙死活不出来，还不断向外射击。我们的战士气愤至极，向菜窖里扔了几颗手榴弹，报销了这几个罪有应得的家伙。

还有一股敌人，刚刚逃出大龙华镇，被我一团二营痛打了一顿之后，又窜回了大龙华镇，企图固守待援。下午，我一团二营在营长宋玉琳的带领下，配合一营营长李德才率领的四连再次包围了大龙华。镇内的残敌凭着坚固的建筑物，仍妄图拖延时间，等待援军。我一营和二营奋力攻打，因碉堡坚固，进攻受阻。正在这时，分区炮兵连及时赶到了。我精神抖擞的炮兵战士立即架炮向敌人猛轰，连续发射了五十七发炮弹。其中一排长段机福、三班长唐九丁、五排长刘福指挥打的十几发炮弹，全部落在敌人的炮楼和房顶上，顿时，炮楼、房子燃起了大火，敌人慌了手脚，扔下枪四处乱窜。我一团一营和二营战士们趁机冲了进去，经过二十分钟白刃格斗，全歼了这股日军。这时，另一部分敌人据守在镇西小山上，仍不断向我进攻部队疯狂射击。我一团二连指战员奋勇冲上山头，把敌人打垮。同时，我其他连队也迅速向镇内发展。残敌做最后的挣扎，又向我军反扑过来，展开白刃格斗。在激战过程中，镇里的群众纷纷出来助战。有的日本兵在“八路军优待俘虏”“缴枪不杀”的喊话声中举枪投降。最后，有三十多个敌人固守房屋抵抗，房东亲自放火把房烧着，将敌人活活烧死。

在我军围歼大龙华之敌的同时，驻梁各庄一百多名日军，分乘五辆汽车，从早晨8时开始向大龙华增援，先头部队进到大红门附近时，由于我五支队一些战士隐蔽得不太好，狡猾的敌人发现我们有埋伏，便停止前进，跳下车向我五支队进攻。敌人哪里知道，为了打其增援，我们在大红门附近地区，除了五支队外，还埋伏了由三团团长纪亭榭指挥的三团三营及分区特务营等部队。所以敌人刚展开进攻，即遭到我设伏部队猛烈反击，敌人扔下三十多具尸体，惊慌失措地爬上汽车，退回了梁各庄。

我们估计，敌人还会进行反扑，因此要求在大红门附近设伏打援的部队继续坚守阵地，准备再战。

果然不出所料。上午10时左右，梁各庄据点的敌人又出动了。这次约一百五十个敌人，举着太阳旗，扛着枪，还拖着三门火炮，急急忙忙向大红门跑来。

敌人进到离大红门约二百米时，忽然停了下来，在公路上架起火炮，向山上我军隐蔽地区猛轰，持续了半小时之久。当时我们担心五支队受损失，立即命令分区骑兵营调转头来，从东南往西出击。这样，我两支部队像一把钳子，紧紧把敌人夹在中间，打得敌人顾前不顾后，顿时乱成一锅粥。我们的部队趁势发起冲锋，歼敌大半，剩下的敌人拼命逃到大红门与梁各庄之间的地带。

大龙华歼灭战

1938 年，罗元发（左）和杨成武（右）、高鹏（中）在前线指挥作战

大约中午12时，梁各庄和易县城四百多日军乘坐十七辆汽车，拖着五门山炮，还有一百多骑兵，又气势汹汹地第三次向大龙华方向增援。因为前两次敌人增援部队过大红门时，都遭我伏击，所以这次敌人穿过大红门时，集中所有炮火向我设伏的三团三营、五支队和分区骑兵营、特务营阵地猛轰，在很短的时间内，就有约六百发炮弹倾泻在我军阵地上。霎时，阵地上硝烟弥漫，弹片、石子横飞。在这块只有五十米高的小山丘上，我们的指战员以大无畏的革命精神始终坚守着阵地。骑兵营一连八班战士王友宾、张富禄被炮弹炸起的黄土埋住了，他们爬起来，抖抖身上的土，继续固守阵地。敌人一阵狂轰滥炸后，便组织二百多人向我北山坡进攻。当敌人爬到距我前沿阵地三十多米时，我指挥员一声令下，战士们勇猛地从泥土里跃起，一齐向敌人开火。步枪、机枪怒吼着向敌人扫射，颗颗手榴弹在敌群中开了花，敌人丢下一片尸体，连滚带爬地退了回去。

敌人恼羞成怒，又接二连三地向我发动了几次进攻，均被我军击退。这时，敌人见西援大龙华连遭失利，已招架不住，妄图溜走，我们的部队乘胜追击。正在这时，我一团三营在营长杨尚塑的带领下，从老虎岭一带绕到大红门敌人背后，猛杀过来。这时，我第三团三营和分区骑兵营、特务营也从南面绕到敌人侧翼向敌群发起猛冲。在我三面夹击下，敌人溃不成军，扔下二百多具尸体，沿着河沟狼狈退回梁各庄。至此，大龙华歼灭战胜利结束。

三

战斗结束后，我们迅速组织打扫战场。这次战斗共歼敌三百余人，其中俘虏日军易县指挥官兼西陵警备队长穴田以下九人，伪军二十余人，并缴获大批武器弹药及其他军用物资。使我们特别高兴的是，在打扫战场时，搜缴到两箱日军文件。这批文件，是一团指战员在清理大龙华敌人据点时发现的。这些文件送上来后，我们分区几个领导同志忙翻了一下，从文件上的汉字可以看出，有些是日本政府颁发的侵华文件，有些是日军作战行动计划等。为了进一步弄清这批文件的来龙去脉，我们马上派人把穴田带来审问，他交代：这些文件记述的是日本政府的对华战略、政治目标和各师团战区的任务。其中有日本侵略军华北方面军司令部发布的《关于剿匪与警备的指针》《关于使用特种武器（毒气）之参考》和对我晋察冀根据地的《1939年1、2、3期肃正作战概要》，还有情报工作、伪政权建设与利用，以及日军一一〇师团司令部颁发的《对山区方面匪军封锁计划》等，共五十多册。据穴田讲，这些文件是侵占大龙华的日军保存的，他们原以为八路军攻不下大龙华，所以这些文件没有转移。

我们弄清了这些文件的大体情况后，认为这是一批重要的文件，立即派专人送往晋察冀军区。聂荣臻司令员看了这批文件后，马上给杨成武司令员打电话说：“你们缴获的这批文件很重要，比缴获敌人几百支枪、几门炮的胜利还大。”之后由聂荣臻司令员亲自写了个说明，派人迅速送上延安。以后，聂荣臻司令员告诉我们，毛泽东主席看了这些文件，觉得对于我们研究敌人很有参考价值。据说，后来我党中央制定的一些对敌作战方针、原则，有的就是参考了

1939 年，涞源孙家庄村民看望八路军伤员

这些文件。

大龙华歼灭战胜利的喜讯很快被传开，附近村庄的群众成群结队地赶来祝贺，乡亲们和战士们高兴地在一起跳啊、笑啊、欢呼啊。一位白发苍苍的老大爷还兴奋地打着竹板说：“八路好，八路好，八路赶着鬼子跑。八路强，八路强，打得鬼子见阎王！”

大龙华歼灭战的胜利，粉碎了敌人妄图打通涞易公路和切断我一分区与平西抗日根据地联系的阴谋，对于巩固和发展晋察冀抗日根据地，起了重要作用。

（本文作于 1987 年，由八路军太行山纪念馆供稿）

陈庄战斗

文 / 张宗逊

张宗逊（1908—1998 年），陕西渭南人，中国人民解放军高级将领。1955 年被授予上将军衔，荣获一级八一勋章、一级独立自由勋章、一级解放勋章。1988 年 7 月，被授予一级红星功勋荣誉章，他在抗日战争、解放战争中建立了赫赫功勋，为中国人民的解放事业立下汗马功劳。

布阵待敌

日本侵略军从 1939 年 3 月起，对我晋察冀边区北岳区的东部、西部先后进行疯狂“扫荡”，我边区军民奋起反“扫荡”，粉碎了敌人的企图。与此同时，国民党顽固派军队不图抗日，一意“反共”，制造摩擦，全国随时都可能发生突然事变。在此形势下，1939 年 8 月中旬，我八路军第一二〇师主力奉中共中央军委的命令，由冀中腹地西越平汉路，转移北岳区整训待命，并参加巩固北岳区的斗争。

9 月上旬，一二〇师的第一梯队到达北岳区，我当时任三八五旅旅长。我们旅部和在冀中新成立的第四团驻灵寿县的牛家厂口、东西岔头一带，独立一旅在冀中新成立的第二团驻行唐县的口头镇、湾里及秦家台羊地区，独立一支队（即以后的师属特务团）驻程家庄，津南自卫军（即以后的三五九旅七一九团）驻南北谭庄，隐蔽进行整训。抗日军政大学第二分校驻灵寿县陈庄附近，晋察冀军区第四军第五团活动在慈峪镇以南，第三军分区的部队活动于党城镇地区，分别监视灵寿县城和曲阳县敌人的动静。

就在这时，晋察冀军区聂荣臻司令员和正在参加晋察冀第二次党代表会议的一二〇师关向应政委联名来信通知我们，敌人正调动兵力，有向我军进犯的迹象，要我和旅政委张平化负责指挥一二〇师第一梯队的部队，在北岳区军民协助下，粉碎敌人的进攻。信中还告诉我们，各地的地方武装、后方机关、学校和群众，也都在积极地进行反“扫荡”的准备。

果然不出聂荣臻、关向应首长所料。驻石家庄日军第八旅团旅团长水原义重少将侦知我晋察冀边区党政机关和一二〇师后方机关、抗大第二分校等单位，正在边区南部的重镇陈庄附近休整，准备举行“秋季大讨伐”，妄图消灭我驻陈庄的后方机关、学校，破坏我边区的后方设施，并以陈庄作为对北岳区进行冬季大“扫荡”的据点。

敌人这次进攻是经过充分准备的，特别在战术上声称是“从八路军游击战中学来的新经验”，采取“山地讨伐的‘牛刀子’新战术”，即反“杀鸡焉用牛刀”之意，用“牛刀子”来对付我们。

1939 年底，抗日军政大学第二分校学员在河北参观陈庄战场

9 月 24 日，水原义重亲自指挥守备正太路的三十一大队，以及灵寿、正定、行唐、无极县的伪警备队共约一千五百人，随带强拉的民夫二百余人，数十辆大车，突然集中灵寿县城。

敌人的调动，我们很快知道了，并判断敌人可能在近日进攻陈庄。陈庄距离灵寿县城只有五十余公里，从灵寿县城到陈庄，除几条绕行的山路以外，主要道路是经慈峪镇的一条大路。以前，敌人曾多次对陈庄进行骚扰，走的就是这条路。我们估计，这次敌人还会走这条大路。因此，确定驻牛家下口的四团派一个营进到口头镇以南地区，担任行唐、曲阳方向警戒，其余部队集结在北谭庄到岔头一线两侧的山岭上，布成一个袋形阵地，等待来犯之敌。

25 日清晨，隐约的枪声由南面阵阵传来。敌人从灵寿县城出动向慈峪进犯了。就在这天下午，贺龙师长率一二〇师师部和三五八旅主力团七一六团由冀中到达行唐县西北的南北城寨。我们立即通过电话向贺龙师长和周士第参谋长汇报了对敌情的分析和战斗部署，贺师长同意我们的分析和部署，进一步增强了我们的战斗勇气和胜利信心。

在慈峪镇附近，我们只有四分区五团的两个连在那里警戒，可是，敌人却动用了进攻陈庄的全部兵力和火器。敌人进占慈峪后，我们即令津南自卫军以一部从正面逼近敌人，节节抗击，诱敌深入，五团的一部则在慈峪以南活动，监视慈峪和灵寿县城敌人的后续部队。

敌情不断传来：敌人进占北霍营；敌人进到东西伍河；敌人向着我们设伏的方向来了。我们等待着，可是，从中午等到黄昏，连敌人的影子也没有看到。这是怎么回事？原来，敌人占领南谭庄以后，就停止了前进。当夜，我津南自卫军以白头山为依托，几次向敌发起攻击，诱敌出战，狡猾的敌人只以火力还击，不再前进。敌人不肯上钩，我们只好抑制着急切求胜的心情，把胜利推迟到明天。

这时，我们发现了意外的情况：26 日下午 4 时，南北谭庄东西伍河和北霍营一线的敌人全部退回慈峪镇。傍晚，情况又有新的变化，五团报告说：慈峪镇的敌人正向灵寿县城撤退，大炮、辎重已经撤走很远。敌人是不是发现了我们的意图？他们真的就这样撤走了吗？我们分析了各种情况，结论是否定的。日军同八路军已经打了两年交道，在我军面前吃尽了苦头。敌华北方面军司令部对其部属所作的一个指示中说：“对付八路军必须采用一套新的战术，找准敌人的弱点，出其不意，以大胆勇敢精神和动作，进行包围、迂回、欺骗、急袭，在近距离进行很快的奇巧袭击。”可见目前敌人的突然撤退，显然是一种欺骗行

动，是用来迷惑我军的所谓“新战术”。

27日拂晓，晋察冀军区司令部电话告诉我们：敌人只留下几百人控制慈峪镇，主力一千多人正沿鲁柏山区的小路向陈庄轻装急进。五团两个连正紧紧尾随敌人，监视敌行踪。这个消息完全证实了我们的判断。我们立即调整了部署：津南自卫军以一个营绕道尾追敌人，其余继续控制白头山、北谭庄以南阵地，严密监视慈峪镇的敌人；七一六团、二团、独纵一支队等部，即刻顺大路向陈庄前进。

27日正是农历八月十八，敌人趁我军民欢度中秋佳节之际，沿鲁柏山的山路，经南燕川、长峪奔袭陈庄。沿途我五团和抗大二分校派出的连队对敌不断阻击。上午11时敌人占领陈庄。但是，我驻陈庄的机关和群众早已坚壁清野，安全转移了。下午，我各部队先后赶到了陈庄外围。占领陈庄的敌人，以为他们的“新战术”奏效了。后来，我们从缴获敌人的文件中发现，日军三十一大队大队长田中省三郎在这天的日记里得意地写道：“不经大的战斗而占领陈庄，这是指挥者的天才。”而实际情况是，敌人进入陈庄扑了一个空。陈庄这个九百户的大镇看不到一个人影，找不到一粒粮食，家家户户都空荡荡的，什么也没有，而迎接他们的却是沿街墙壁上的大字标语：“打倒日本帝国主义！”“把侵略者赶出中国去！”入夜，我独立一支队一部不断袭扰占领陈庄的敌人，陈庄周围彻夜响着枪声。敌人整夜不得安宁，又找不到一个老百姓，得不到一点情报，只能躲在村子里盲目射击。我军的袭击小组一直摸到敌人的阵地前沿，有一个战士摸到敌人一个机枪组前十多米处，用手榴弹将三个敌人全部炸死，把机枪扛了回来。

敌变我变

正当敌人奔袭陈庄的时候，贺龙师长给我们指挥所打来电话，他说：“敌人这次袭击陈庄，采取声东击西、避实就虚、轻装急袭，这算什么‘新战术’，完全是班门弄斧！”贺师长指示我们：敌人是孤军深入，北无据点接应，南边接济也十分困难。因此，他们在陈庄必然不敢久留，等敌人回窜的时候，必须抓紧时机，在运动中把敌人消灭掉！

遵照贺师长的指示，我们立即研究调整部署。研究时，大家认为关键的问题是判明敌人会从哪条路回窜。从以往的经验来看，如1938年11月的滑石片战斗，向我根据地奔袭的日军，是从哪条路来沿哪条路回去的。我们依此设伏，取得了胜利。但是，敌人的行动规律开始变化了，我们不能不重新考虑。既然敌人来的时候玩了一套“花招”，那么走的时候也可能来个“新战术”，改变过去的老规律，不走来时的小山路，而顺东南的大路逃跑。敌人这样做，既可以避免像过去那样遭我伏击，又可以和慈峪的日军相呼应。敌变我变！我们决定改变以往在敌人来路上设伏的做法，确定以七一六团集结于慈河北岸的东西寺家庄，从北面严密控制敌人东逃的大路；独立一旅二团进入慈河南岸的冯沟里、坡门口、高家庄地区，从南面控制敌人东逃大路，如发现敌从原路撤逃，则迅速向长峪地区机动，协同独立一支队坚决狙击敌人南逃；我们指挥所前移到南台头，决心在运动中将敌人包围全歼。为了防止万一，另派独立一支队和二团各一个营进到陈庄南面的长峪，防止敌

陈庄战斗路线图原稿

陈庄战斗
0
4
8公里
抗大2分校
1支队
西湾
陈庄
东寺家庄
716团
北台
大庄
1支队
南台头
口头镇
冯里沟
4团
358旅
2团
东岔头
刘库池
西岔头
破门口
石佛峪
1支队
唐家沟
716团
1支队1个营
2团1营
山
4分区5团
程家庄
1支队
2团
长峪
北潭庄
万寺院
东柏山
南城寨
沙湾
719团
716团
湾子里
白家沟
北燕川
南伍河
北霍营
桃林
南燕川
慈峪
河
东王坡
独混8旅团
31大队、伪警备队

红色
记忆

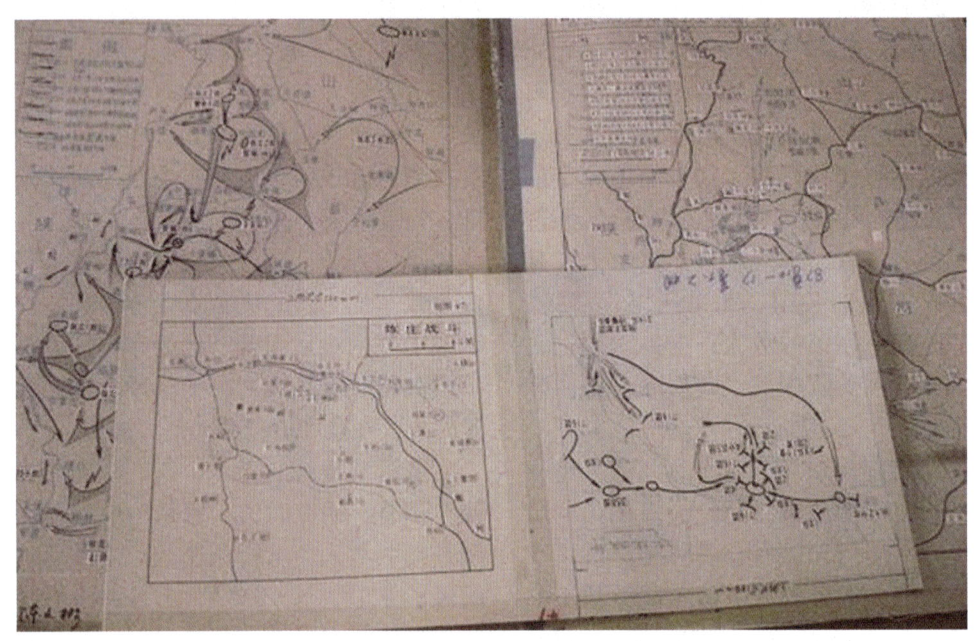

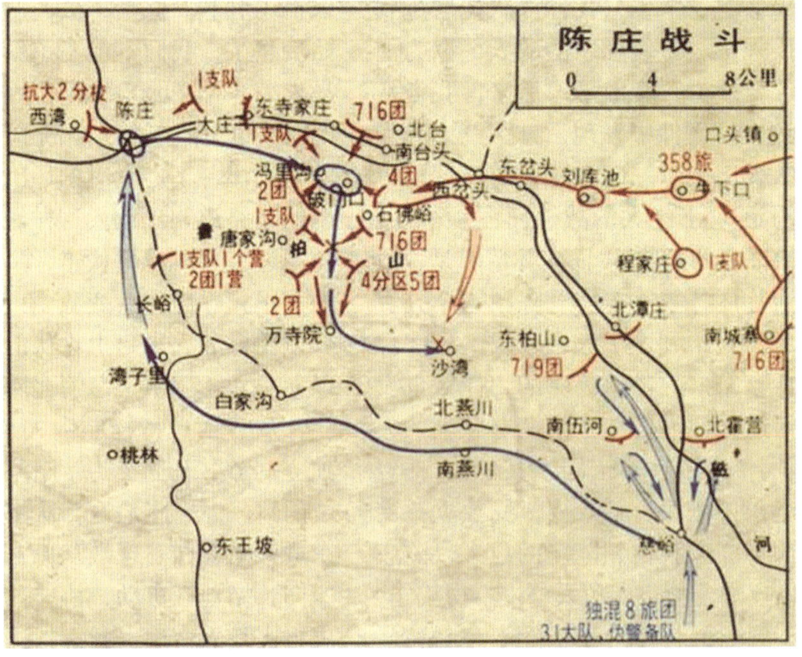

人可能由来时的小路南撤。独立一支队的另一部则顺大路向陈庄东侧的七祖院和敌人保持接触。这个方案经师部批准后，部队便开始行动。同时，边区政府还把灵寿、平山、行唐、正定等县的游击队和民兵都发动起来。参加侦察警戒、封锁消息、带路送信、捕捉敌特汉奸、组织担架队和运输队等，积极配合部队的行动。

果然如贺龙师长所料，袭占陈庄的敌人，被我军小部队彻夜袭扰打击，不得休息，异常恐慌，不得不退出陈庄。2日拂晓5时50分，陈庄上空腾起了冲霄的烟柱，敌人焚烧陈庄的房屋，这是敌人逃跑的信号。我们命令各部队准备战斗。8时多，陈庄方向传来密集的枪声。侦察人员报告：敌人出了陈庄，向东沿路撤退，在七祖院同独立一支队打上了。这个消息实在令人振奋，敌人就要进入我军的伏击区了。可是，半个小时以后，独立一旅来电话：一位侦察参谋亲眼看见，敌人的主力已经后撤，离开大路涉渡慈河、有沿来路逃跑的迹象。狡猾的敌人又耍了一个花招。

综合各方面的情况，经过缜密的分析，我们仍肯定原来的判断：敌人并没有发现我军的设伏位置，更没有觉察我军的伏击部署。因此，他们顺来路逃跑的可能性很小。但是，为了慎重起见，我们还是命令二团主力由冯沟里以南的山地赶到陈庄南面长峪一线，协同独立一支队和二团在那里的部队，防止敌人真的由来路逃走。

一个小时以后，前沿侦察部队报告：敌人主力过慈河以后，又转换了方向，利用河边的芦苇和树丛作掩护，正沿慈河南岸鲁柏山脚的大路向东逃窜。大家不约而同地长吁了一口气，敌人到底还是朝着我们给他安排好的死路走来了！

战斗很快打响了。开始，敌人以为我们上了他们“新战术”的当，我们把主力已集中在他们的来路上，他们现在遇到的只不过是一些小小的游击队，因而并不在意，大摇大摆地向东撤退。当敌人走了不过二三公里，到坡门口一带时，就遇到我二团特务连和七一六团一营的猛烈阻击。正向长峪急进的二团主力，听到这边的枪声，也从敌人后面追来，敌人开始慌乱了。七一六团一营据守的叠谷崖阵地，是伸向慈河的一个突出而又光秃的小山包，像一扇闸门一样，死死卡住敌人向东逃跑的路，对敌人的威胁极大。敌人为了夺路逃跑，以两个中队的兵力向这个小小的山包发起了连续的强攻。疯狂的日军不顾死活地凭着火力掩护向山包上拥来。一营的指战员沉着应战，等敌人冲到跟前，一阵猛打，冲在前边的敌人一个个滚回山下。就这样，一营英勇地同敌人展开了一场激烈的争夺战，从上午9时多一直打到下午1时，先后向敌人进行了四次冲击、三次肉搏，阵地坚如磐石，始终牢牢地掌握在我们手中。敌人被我军火力压在河沟里，成群地挤在一起，火力发扬不了，又无处藏身，急得像热锅上的蚂蚁，团团乱转。一股敌人北涉慈河，企图抢占东西寺家庄的高地。预伏在北山上的我七一六团三营突然以猛烈的火力进行阻击，敌人猝不及防，一批接一批地倒毙在淤泥里，残余的敌人狼狈地逃回南岸。

敌人向东、向北都碰了硬钉子，又转向南面。敌人以高家庄、坡门口为依托，向南面青山我二团的阵地展开猛烈的攻击，企图抢占有利地形。二团部队英勇抗击。三营特别是九连、十连打得英勇顽强，连续打退敌人几次冲击。经过激烈战斗，敌人在我阵地前沿死伤惨重，我二团三营伤亡也很大。此时，独立一支队尾追敌人，由西向东对敌占的高家庄展开攻击；七一六团也从慈河北岸向南进攻；四团从牛家下口赶到，在七一六团和二团之间投入战斗，占领了坡门口以东的高地，把敌人向东逃窜的路完全封住了。这样，北边是慈河，南面是陡峭的鲁柏山，四面都有我们的部队堵击，敌人被紧紧压缩在沿河的高家庄、冯沟里、坡门口三个村庄和附近的小高地，完全陷入了绝境。

这时，边区的群众翻山越岭，从四面八方来到阵地上，有的送饭，有的送水，有的抬担架救伤员。群众的热情支援，给部队很大的鼓舞，战士们都摩拳擦掌地准备最后围歼敌人。

聚歼顽敌

袭击陈庄的敌人被包围，灵寿县城的敌人着了慌，急忙向慈峪镇增兵三百余人，连同留在慈峪的四五百敌人，于28日下午4时，向南北伍河、白头山我津南自卫军的阵地发动进攻，企图打通到坡门口的大路，接应那里的日军突围。但是，津南自卫军的指战员，在敌人猛烈的炮火轰击下，顽强阻击，使敌人前进不得。

黄昏时分，我军向被围之敌发动总攻击。二团由南向北，占领了冯沟里村南的小高地，逼近敌占村沿；四团由东向西进攻，夺取坡门口后，继续向西攻击；独立一支队从西向东占领高家庄之后，继续攻占了冯沟里以西的高地，向冯沟里攻击；七一六团越过慈河向南进攻，迅速占领了坡门口和冯沟里中间的小高地，将两处敌人的联络割断，接着冲入坡门口村内和敌人展开格斗。此时敌人极为慌乱，死伤狼藉。但因我们的部队刚从冀中水灾区过来，行军时手榴弹大部受潮，十有八九不发火，未能结束战斗，攻进敌占村内的部队只得退出来补充手榴弹，和敌人形成对峙局面。

夜里，我们的号兵迎着明朗的圆月，不断吹响冲锋号，刺刀班、投弹班轮番袭击敌人。被困在两个小村子里的残敌，惊恐万状，又渴又饿又累，几次组织突围都被打了回去，有些伪军悄悄地跑过来投降，剩下的敌人只得依靠村子做垂死挣扎。

29日，敌人还幻想以出我意料的行动来逃脱被歼的命运。清晨，敌人攻占了津南自卫军驻守的白头山阵地的一部分。师首长为保障主力顺利歼灭被围之敌，遂令四团转移到东西岔头，以增强对白头山之敌的防御；上午7时，津南自卫军对攻占白头山之敌发起反击，歼灭了部分敌人，收复了阵地，余敌退回南北伍河。

这时，我们二团和七一六团各以一部兵力监视被围之敌，主力稍向后移，补充弹药，准备再战。被围的敌人见增援没有希望，不敢再东逃了。当他们发现我东面和南面的主力移动时，妄图寻找我薄弱的地方转变突围方向。上午7时30分，敌人离开村子，集中火力，施放毒气，全力向坡门口西南高地冲击，突破我二团六连的阵地，拼命往鲁柏山上爬。鲁柏山又高又陡，敌人趴在光秃秃的山崖上，既无掩护，又无依托，我七一六团迅速追击并以各种火力猛烈射击，又给敌人很大杀伤。敌军官在后边压阵，举着战刀砍那些走不动的士兵，

陈庄战斗中八路军机枪阵地

辎重和重火器等丢了一路，当敌人爬到山顶时，活着的也只剩下二三百人。

残敌满以为爬上鲁柏山就可以摆脱我军的重围，从山背后溜走。没想到我四分区五团主力早就赶到山后西南的万寺崖，堵住了敌人的逃路。急红了眼的敌人，摆开三人一小组，三小组一大组的三角阵式，在火力掩护下，向我五团阵地冲击，当敌人冲到离阵地二三十米的山坡上时，早已憋足了劲的五团战士们用手榴弹向敌人猛砸。敌人几次冲锋，都被打退。敌人向西南突破不了，又反过来向东南突击。此时，我军各部队已先后赶到。七一六团和独立一支队自北向南，二团二营自东向南，将敌人重新包围在鲁柏山西端的高地及山沟里。民兵、游击队和群众卡住了所有大小山沟和荒僻小道。包围圈越缩越紧，敌人被围困在方圆不过五百米的鲁柏山主峰上，南面是陡石坡，北面是绝壁，已经成了瓮中之鳖。

下午1时，师的炮兵也运动上来，对敌人抵近轰击，打得敌人抱头鼠窜，死尸遍地。敌人经过我军几次打击之后，又回过头来从我五团的阵地全力突围。敌人的全部火器一股脑儿向五团阵地打，特别是五团八连所在阵地是个山坡，成为敌人进攻的重点，黄乎乎的一片日军，端着枪呼喊着冲向八连阵地，经过几番拼搏，八连伤亡很大，前沿阵地被敌人突破。五团经过一夜急行军和大半天的激烈战斗，战士们又渴又饿，但是战斗情绪却十分高昂。五团八连及时得到师炮兵支援，趁势组织反击，连炊事班也投入战斗，在另一连队支援下，又夺回了阵地。此时，七一六团三营十连和独立一支队也向敌人发起冲击，当即占领了敌前沿阵地。

敌人多次组织突围都未得逞，而且不断受到我军的杀伤，处境非常困难，只好不住地呼救。从战后缴获的敌电文中得知，当时敌人曾垂死哀叫：“现在西侧鞍部苦战，刻下身边忧虑，望至急以飞机送弹药粮秣，并增派讨伐队。”敌人的飞机倒是来了，第一次飞来三架，因我军发起冲击，同敌扭在一起，展开白刃格斗，敌机无法扫射轰炸，转了几圈就飞跑了。第二次又飞来三架，用降落伞投下几大包弹药和饼干，但大部分落到了我军阵地上。29日下午6时，贺龙师长骑马来到我们指挥所。他到前边观察了形势，笑着回来，坐在柳荫下，端着烟斗安详地吸着，指示我们说：“要补足弹药，安排好伤病员，准备打好最后一仗。”黄昏时分，我们按照贺师长的指示，对鲁柏山的敌人发起总攻。刹那间，山上枪炮齐鸣，杀声震天，硝烟弥漫，七一六团五连的战士们首先从东侧冲上山，接着，后续部队和西侧的五团的战士们也相继冲到山上，同敌人展开了肉搏。敌人在我军勇士面前，死的死，伤的伤，大部被歼。有十几个敌人从南侧的陡坡滚下去，钻进万寺崖偏僻的山沟里，次日清晨也被我民兵、游击队一一俘获，无一漏网。

30日上午7时，慈峪方向的敌人又增加了二百多人和三辆坦克，企图绕路沙湾方向北进，被及时赶到沙湾的我四团所阻击，无法前进。到了下午，这路敌人得知北犯陈庄的日军已被歼灭，垂头丧气地用汽车载着死尸和伤兵，经慈峪退回灵寿县城。至此，陈庄战斗胜利结束。以“牛刀子”战术闯入我根据地的狂妄敌人，终于遭到惨败。

这次战斗，是我军在贺龙师长指挥下，对毛泽东同志“基本是游击战，但不放松有利条件下的运动战”的作战原则的具体运用。历时六天五夜的战斗，我军以六个团的优势兵力全歼进犯陈庄的敌军，并击退慈峪方向增援之敌一千余人。在坡门口村有一堆堆用写有“大和魂灵”的太阳旗覆盖的敌人尸体，全都砍去了右手，大概是敌人拿着回去对指纹作“报销”去了。这次战斗，共击毙敌官兵一千多人，俘日军十六人；缴获山炮三门、轻重机枪二十余挺、长短枪五百多支、掷弹筒九个、无线电台一部、降落伞五个、战马数十匹。我军一些新战士、民兵也缴了敌人的枪，捉了俘虏。这是一二〇师由冀中西返途中，同晋察冀军区部队一起取得的第一个山地运动歼灭战的胜利。

（本文作于1987年5月，由八路军太行山纪念馆供稿）

神圣的特使

——记营救西路红军的马德涵

文 / 尚迎宾

马德涵

马德涵先生出生于清同治七年（1868 年）农历正月初三，祖籍江苏南京。

1892 年马德涵考入陕西武备学堂，两年后入四川成都陆军军官学校学习深造，毕业后，在四川新军混成旅任助理教官；1906 年经人介绍秘密加入四川同盟会，其间组织参加了著名的"保路运动"。

辛亥革命武昌起义胜利后，马德涵任四川军政府参事。不久，时任陕西革命军马玉贵部回民骑兵队长的马德涵胞弟马友师在礼泉县与清军作战中阵亡，他收到母亲信函，便回到西安。1912 年，马德涵受甘肃军政府都督马安良邀请，到兰州先后任甘肃传习所主任、督军政府参军、省政府咨议等职。1916 年，接受西宁镇总兵马麒的邀请，先后任马麒的随身副官，宁海军教官，同时兼任马麒长子马步青的家庭教师及其夫人的美术教员，1923 年转任甘肃教育厅二科科长。

此后，马德涵在青海、甘肃的十多年里，与马福祥、马安良、马麒、马麟、马延人称"裹老五马"；与马鸿宾、马鸿逵、马步芳、马步青、马仲英小五马等上层人物都有过密切交往。

这一时期，马德涵先生深受孙中山三民主义思想的影响，他追求真理，爱国爱教，同情共产党，支持中国革命，成为共产党的忠诚朋友。

临危受命

1936年10月，在三大主力红军会师的时候，中共中央和中革军委把宁夏战役作为组织上、军事上打开新局面的决定性的一个环节，抓紧进行部署。10月11日发布《十月份作战纲领》，要求全军争取用一个月时间进行休整，并做好渡河等各种准备，然后红军主力向北发展，夺取宁夏。根据中革军委的命令，红四方面军第三十军于10月25日渡过黄河；随后，红四方面军第九军和方面军总部及第五军也渡过黄河，准备执行宁夏战役计划。10月底至11月，胡宗南部打通增援宁夏的道路，隔断了河东红军主力和河西部队的联系。这样，红军夺取宁夏的计划被迫中止执行。

11月11日，中共中央和中革军委致电红四方面军领导人，令河西部队称西路军，领导机关称西路军军政委员会，管理军事、政治与党务，以陈昌浩为主席，徐向前为副主席。西渡黄河的红军2.18万人，在无粮草弹药兵员补充、自然环境恶劣等极端困难的条件下，孤军与国民党马步芳、马步青所辖的十万以上的正规军和民团浴血奋战，历时近五个月，消灭马家军二万五千余人，但终因敌众我寡而最终失败。

1937年3月14日，在国民党军队围困中的西路军召开军政委员会，会议决定，徐向前、陈昌浩离开部队，回陕北向中央报告，其余的部队分成三个支队，由李卓然、李先念等组成的西路军工作委员会统一领导，转入祁连山区打游击。

红军西路军失败后，中共中央利用统战关系，竭尽全力营救被俘人员和收容失散人员。在西安参与和平解决西安事变的中共中央代表周恩来，在为和平解决西安事变而奔波的同时，积极开展对西路军的营救工作，准备在西安回民中物色一位和甘肃、青海马家军阀有关系的人去河西交涉。周恩来通过他的秘书张文彬和当时任陕西省政府秘书长的杜斌丞先生，与在西安从事党的地下工作的吴鸿宾取得联系，周恩来向吴鸿宾谈了西路军在河西的处境，要求尽快想一切办法营救这些随时都有可能遭到不测的指战员，特别是营救被包围在甘肃张掖黄番寺的五百多名红军指战员，只要马家军不伤害被围红军，可以交枪和平解决。吴鸿宾想到了与他关系较熟的马德涵。

马德涵与甘、青马家军的马麟、马步青等熟识，为人正直，政治上可以信赖，西安事变发生后，他在各种会议上表示拥护中国共产党和平解决事变的方针。吴鸿宾遂连夜拜访了马德涵，告诉他有几个朋友在张掖被马家军关押，想让他找马步青疏通一下，马德涵痛快地答应。第二天，吴鸿宾把拜访马德涵的情况向张文彬作了汇报，张文彬请吴鸿宾转告马德涵这件事是受周恩来委托的。当马德涵知道事情的原委后说：古人云，士为知己者死。我虽年过古稀，此事没有什么好说的，我敬佩中国共产党，这次西安事变圆满解决，人所共知，共产党不记仇，明大义，救民族于危亡，团结民众抗日，莫说此次担些风险，就是

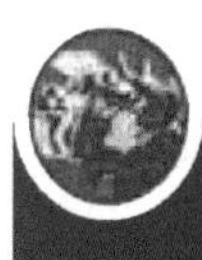

马德涵先生借住的西羊市街七十一号

1950 年 6 月 1 日，在西安市人民政府委员会成立暨市长、副市长、委员就职典礼上，马德涵先生（前左三）与西安市领导张峰伯、方仲如等领导同志合影

为此拼上性命也值得。

随后，周恩来接马德涵到八路军驻西安办事处研究营救西路军的具体办法，周恩来向马德涵详细地介绍西路军的处境，同时将教导团五百多名红军官兵被扣押的情况也做了特别介绍，并告诉马德涵："马老，一切都委托您，只要把人放了，不管对方提出任何条件，都可以答应，我们唯一的条件是不要杀害我们的官兵。"周恩来还委托他给马家军高级军官赠送厚礼。考虑到马德涵年事已高，耳朵又听力不好，周恩来指示吴鸿宾找一个人照顾马老先生。吴鸿宾找到做生意的甘肃回族商人马宪民（马宪民同马德涵先生在甘肃省教育厅同过事）陪马德涵前往兰州。

艰难营救

1937年2月16日，马德涵与红军代表张文彬、陪同人员马宪民携带大量的盘缠和给马步青等人的礼物，乘坐欧亚商用飞机飞往兰州。下午4时飞抵兰州，住东门外云发客栈。临行时西安党组织告诉马德涵到凉州后，在北门外海藏寺找地下工作者，并详细告诉了接头暗号和地下工作者的着装，要马德涵将西路军被俘人员的情况、河西战役情况，以及同马步青谈判的情况告诉这位地下工作者，他会用电报告诉西安地下党组织。营救工作是一件秘密任务，对外则宣称马德涵先生在兰州、西宁举办个人画展。第二天，马德涵找到青海驻兰州办事处，向值勤人员说："我是你们军长和师长马步青、马步芳父亲的好朋友，是马步青的教官，因十年前兰州商人同我订过合同，所以他们今天将我接到兰州游玩，我想利用这个机会到凉州看看马军长。"值勤人员立即用电话同凉州联系，马步青表示欢迎先生前往。马德涵一行三人坐了两天汽车到达凉州，住进马步青安排好的河西旅社（该社实际上是马步青骑兵五师招待所）。老师来访，学生殷勤接待。晚上马步青专程到旅馆看望老师，马步青见到马德涵后问道："老师您这么大的岁数到凉州来干什么？"

"生活困难，在此办画展挣一点钱。"马德涵说。

马步青说："老师画的画虽有点名气，但这里人不懂得艺术，劝老师不要办了，生活上有困难学生尽力帮助老师。"师生畅聊直到深夜。

第二天，马步青在司令部特意举行宴会为老师接风洗尘。大厅中央墙上镶着一块白色的大理石，上面写着唐代诗人王翰的代表作品《凉州词》："葡萄美酒夜光杯，欲饮琵琶马上催，醉卧沙场君莫笑，古来征战几人回。"宴会结束后，马德涵向马步青谈到此行的任务和目的。马德涵首先向马步青介绍了西安事变和平解决的情况，讲了国共合作抗日的重要意义。然后，谈到了张掖一带红军的情况。马步青说："已经打散了，俘虏了不少。"马德涵劝告马步青："先优待被俘红军，再等候红军派代表商量善后，凡事都要向前看。"

不料，马步青却突然变了脸，态度强硬地说："你是奸细，要不是看在你同我们家族的关系上，非杀你不可。"马德涵说："我先是同盟会的人，现在是无党派人士。你若担心我是共产党奸细，不听我的忠谏，你就把我杀了。子云，我今天不顾年迈到这里来，是看得起咱们家你这个学生。我同你父亲、叔父、伯伯是世交，担任你家庭教师三年多，深

知咱们是一个明事理、懂教义、重情义的家庭。我们要屯牙上要多做两世的善事、吉庆的事。我今天的目的是营救红军西路军官兵。我营救、你释放都是两世善事、吉庆的事。在未释放前改善他们的生活条件同样也是两世善事、吉庆的事。我们的宗教是一个主张和平、仁爱、宽容的宗教。今天国共两党合作抗日，西安事变和平解决是宽容的结果，宽容是我们民族的优良传统，宽容也是我们伊斯兰教的品德，它体现我们伊斯兰素质和修养，体现我们伊斯兰文明的标志。所以你刚才对我大发雷霆，我默默无语，因为默默无语也是宽容的表现。人家红军在最不拔的时期答应赠送咱们三千杆枪和二十万银圆，让我们救济灾民，这个行动是宽容的表现，事实证明了人家真心实意同我们谈判解决问题。一日为师，终身为父，老师让你好好想一想。”马步青听了这番话后，思量很久，才答应约时间再谈。第二天早晨，《凉州日报》刊登了优待被俘红军的消息。随后，马德涵将张文彬、马宪民引荐给马步青。张文彬向马步青介绍了全国抗日救国运动的发展情况，晓以民族大义，并进一步商谈了红军西路军的改编和被俘红军的生活问题。迫于形势，马步青答应如数释放被俘红军，愿将他改编红军组建的工兵团和童子军遣送西安，并写了两封亲笔信，一封给张掖驻军韩启功（凉州地区由骑兵第五师马步青管辖，甘州地区由一〇〇师三〇〇旅韩启功管辖），由马德涵带着去张掖进行营救红军活动；一封给马步芳，由张文彬带着去西宁进行营救红军活动。

马德涵由马宪民陪同到张掖，营救被围困在黄番寺的五百多名红军官兵。韩启功看到上司的信后，很客气地接待了马德涵、马宪民，并告诉他们，黄番寺的红军已被解除武装，人员都未加伤害，已送往青海去了。到西宁的张文彬见到马步芳，马步芳也表示愿释放被俘红军。马德涵在凉州、张掖期间还到扣押所、医院看望了被扣的红军和红军伤

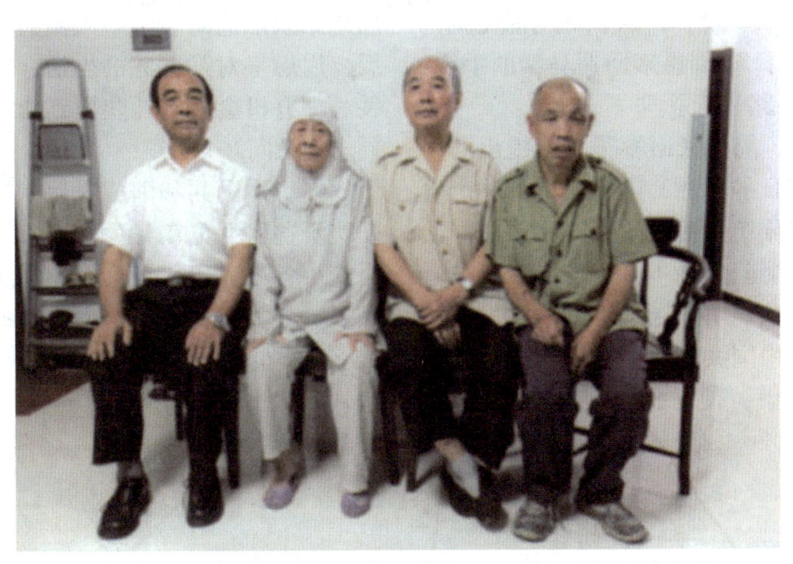

作者与马德涵先生五子马灿夫妇（左二、三）及幼子近期合影

病员。一个礼拜后，马德涵、马宪民和张文彬先后飞回西安，他们这次河西之行，在营救红军西路军工作上起到了缓和作用。

功彪千秋

两个多月后，青海省主席马麟路过西安，住天安栈（原大麦市小学旁边）做短暂休息，马德涵受周恩来的委托专程前去看望。马德涵与马麟寒暄之后，马麟说：“西安有许多清真寺，这次我要好好看看。”经与吴鸿宾、张文彬商议，由马德涵出面，在马德涵借住马子健在西羊市街七十一号（今七十七号）家中设宴款待马麟，并请周恩来出席。为表隆重，马德涵特意给马麟和随行的青海省政府秘书长谭克敏发了请柬，在西安有名的清真餐馆天锡楼包了一桌十分丰盛的饭菜，送到西羊市街七十一号。宴会这一天，张文彬陪同周恩来先到，快中午时马麟、谭克敏到。马德涵从里屋请出周恩来向马麟介绍：“这位是周恩来先生。”马麟感到突然而显得有些吃惊，随即平静下来，赶忙走上一步握住周恩来的手说：“幸会，在这里见到周先生真的太幸会了。”周恩来回握马麟的手说：“马主席一路辛苦了。”

席间，周恩来回答了马麟提出的一些有关抗日的问题，讲解了中国共产党的抗日民族统一战线政策，希望他们回到青海后能阻止马步青、马步芳对被俘红军的杀害，并将被俘红军尽快送还。周恩来对中国共产党抗日民族统一战线政策的讲解，使马麟表现出钦佩之情，连忙说：“周先生言之有理，我非常佩服。周先生请您放心，我是中国人，一定为国为民族尽自己的微薄之力。”周恩来听后非常高兴地说：“我们衷心希望马主席为中华民族多做贡献，中国人民和中国共产党不会忘记您这位老朋友。”宴会在友好的气氛中圆满结束。

在马德涵营救红军西路军的过程中，中国共产党还通过各种途径努力营救西路军，在一年多的时间里，八千余名被俘红军回到了革命队伍。

周恩来深深牢记马德涵营救红军西路军的功绩。1938 年夏，马德涵由次子陪同到武汉看望周恩来时，周恩来考虑到马德涵听力有障碍，特地送给他一副德国制造的助听器。马德涵十分珍爱，一直使用到他逝世，1971 年，被西安八路军驻西安办事处纪念馆收藏。毛泽东也曾托周恩来转赠马德涵毛毯一条、粗毛呢一块，朱德赠送炕毯一条，对他为抗日救国做出的贡献表示感谢。马德涵收到毛泽东等人的礼品非常高兴，精心画了几幅山水画赠送给毛泽东、朱德、周恩来表示谢意。中华人民共和国成立后，周恩来对马德涵的生活、健康十分关心，有机会就委托陕西到北京开会的同志代为问好。

中华人民共和国成立后，马德涵历任陕西省和西安市人民代表、政协委员，西安市各界人民代表会议副主席，省人民委员会委员，省民盟委员，省、市民族事务委员会副主任。